金重明
Kim Jung Myeong

物語 朝鮮王朝の滅亡

岩波新書
1439

はじめに

一三九二年、李成桂《イソンゲ》は高麗の恭譲《コンヤン》王からの譲位というかたちで王位についた。朝鮮王朝のはじまりである。

豪族の多くは朝鮮王朝を支持したが、二君に仕えることを潔しとせず官途につくことを拒む者もいた。その代表者が鄭夢周《チョンモンジュ》である。彼らは野にあって士林派を形成した。

また王朝の初期、政権は不安定で、二度にわたる王子の叛乱をはじめ血なまぐさい事件が続発した。嫌気のさした李成桂が政権をほっぽりだして咸興《ハムフン》に引きこもる、という事態に発展したほどである。

聖王と言われている第四代王、世宗《セジョン》の時代になってようやく政権は安定する。

父や叔父たちの争いを見てきた世宗は王の後継者を長男と定め、後継者争いを未然に防ごうとした。しかし第五代王、文宗《ムンジョン》が死去し息子の端宗《タンジョン》が王位につくと、文宗の弟である首陽大君が朝鮮王朝史上もっとも凄惨な事件といわれている癸酉靖難《きゆうせいなん》を引き起こして王位を簒奪《さんだつ》し、みずから第七代王、世祖《セジョ》となる。

このとき世祖の簒奪に反対して決起したのが後世「死六臣」と呼ばれている人々であり、決起こそしなかったものの世祖に仕えることを潔しとせずに野に下った人々が「生六臣」である。生六臣を中心とする人々は、高麗王朝への忠義の故に野に下った人々とともに、士林派を形成することになる。

それに対して李成桂とともに高麗王朝を倒した人々と、世祖の簒奪に協力した人々は勲旧派と呼ばれている。

勲旧派は朝鮮王朝の創業に参加し、その基礎をかたち作った人々であり、その功績によって大土地所有者となり、王朝の特権層となった。思想的には、現実を重視し、儒学を基本としながらも実用のための学問を中心とした。

それに対し士林派は、鄭夢周の「不事二朝」(二朝につかえず、つまり高麗の臣として朝鮮王朝に仕えることはできない)や死六臣の「不事二君」(二君につかえず、つまり端宗の臣としてその王位を簒奪した世祖に仕えることはできない)という思想を尊崇し、野にあって学問の研鑽《けんさん》につとめた。人間のもって生まれた本性が天の理であるという「性即理」を基本テーゼとする朱子学の根本をなす性理学を極め、精緻な形而上学を構築したが、性理学以外の実用的な諸学を雑学と称して軽視する傾向があった。また士林派が権力の中枢を占めるようになると、朱子学一尊の立場からそれに反する思想を弾圧し、学問の自由な展開を阻害する要因ともなった。

王朝の初期は勲旧派が圧倒的な力をもっていたが、第十四代王、宣祖《ソンジョ》の時代には士林派が勲旧派を一掃する。ところが今度は士林派が東西に分裂し、それがさらに分裂して相争うようになる。朝鮮王朝の宿痾《しゅくあ》とも呼ばれる党争のはじまりである。

朝鮮王朝は中央集権国家なので王権が強いと思う人も多いかもしれないが、実際は臣権に比べて王権は意外に弱い。韓国の歴史ドラマで、王が何か行動を起こそうとすると、臣が一斉に平伏して「殿下、どうかわれらの思いをおくみとりください」と言う、あれである。王が無理押ししようとすると、大変なことになる。王朝の政治史を見るポイントは、この王権と臣権のせめぎあいと党争にあるといえよう。

本書では、近代資本主義という世界システムが東アジアを呑み込んでいくその激浪に朝鮮王朝が巻き込まれ、滅亡していく過程を描いていく。その始点は、何とか党争を抑え、王権を確立しようとしたふたりの王、英祖《ヨンジョ》と正祖《チョンジョ》の時代となる。

本論に入る前に、わたしの立場を明らかにしておきたい。

わたしの両親は朝鮮半島の生まれで、わたしはいわゆる在日二世にあたる。しかしわたしには「愛国心」なるものはかけらもない。愛国心は近代に生まれた迷妄であると確信しているからだ。

一九九〇年代、ユーゴスラビア連邦が解体する中、戦争によって利権を得ようとする連中が民族の歴史を誇張して人々の「愛国心」をあおり、それによってそれまで平和に暮らしていた人々が互いに殺し合いをはじめ、第二次世界大戦後最悪の紛争とまで言われる泥沼の戦争にまで発展してしまった。このユーゴスラビア紛争以後、歴史学は原子爆弾を作った物理学よりも恐ろしい、と言われるようになった。

これは極端な例だが、朝鮮や日本の近代史を見る場合でも、愛国心やナショナリズムは百害あって一利のない障害物でしかない。

わたしは歴史を語る場合、民族ではなく、つねに歴史の中で虐げられた人々によりそっていきたいと考えている。

司馬遷《しばせん》は伯夷《はくい》・叔斉《しゅくせい》伝を書いたのち、ふたりは義に生きたのに餓死したが、盗跖《とうせき》は悪逆の限りを尽くしたのに富貴のうちに天寿を全うしたと述べ、「天道是《ぜ》か非《ひ》か」という悲痛な叫びを残した。司馬遷のライフワーク『史記』は、歴史の中で不当な生を生き、不当な死を強要された人々を描くことによってその魂を掬《きく》し、それをもって天道に抗おうとしたのではないか、とわたしは思っている。

これまで何編か歴史小説を書いてきたが、わたしはつねに歴史の闇に葬り去られようとした人々に光を当て、天道に抗おうと努めてきた。

読者の方々も、ナショナリズムや愛国心といった歪んだめがねをかけることなく、抑圧された人々によりそいながら、まっすぐに歴史を見据えていってほしい、と願っている。

目　次

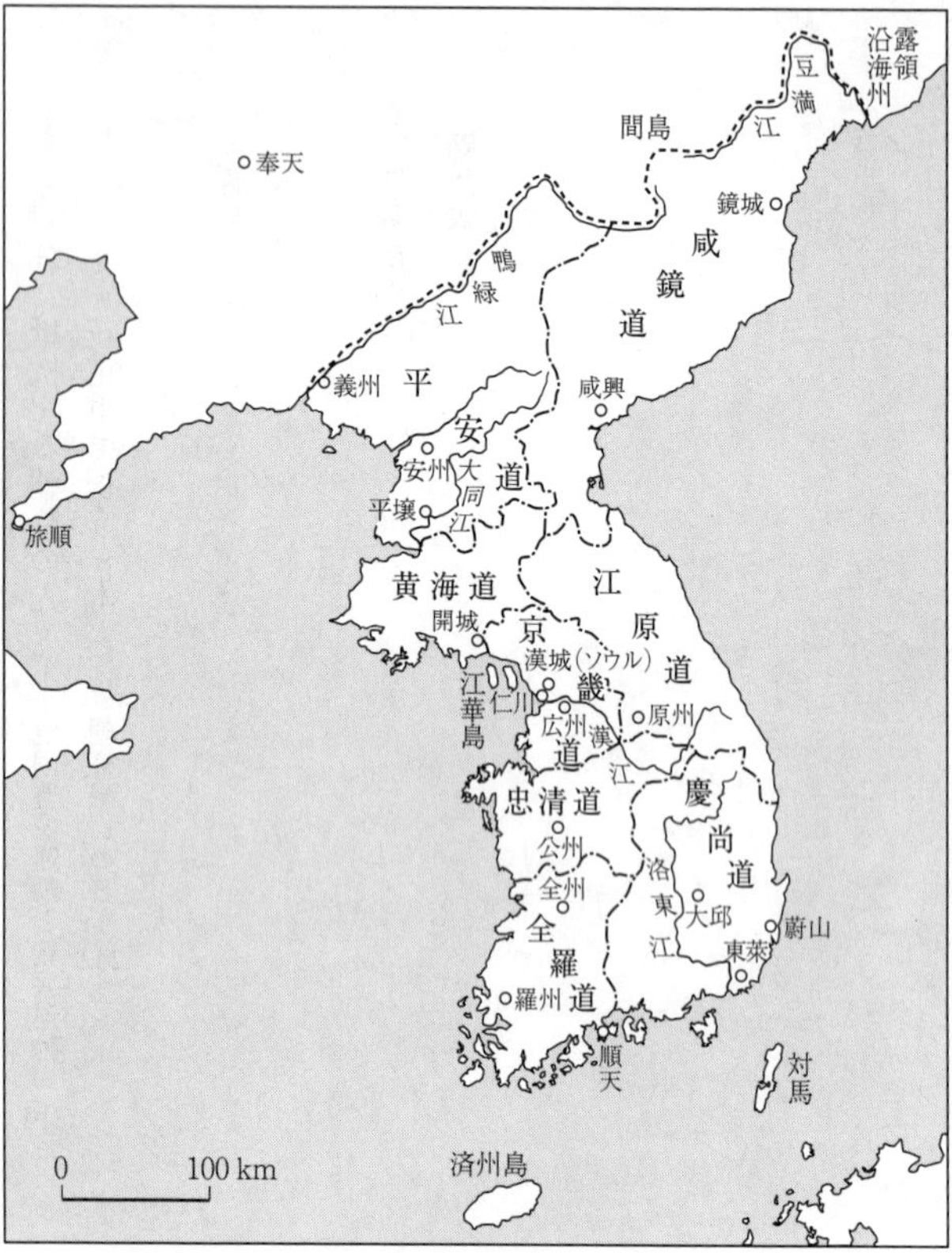
沿海州
露領
豆満江
間島
奉天
鏡城
咸鏡道
鴨緑江
義州
平安道
咸興
安州
大同江
平壌
旅順
黄海道
江原道
開城
京畿道
漢城(ソウル)
江華島
仁川
広州
原州
漢江
慶尚道
忠清道
公州
洛東江
全州
大邱
蔚山
全羅道
東莱
羅州
順天
対馬
済州島
0
100 km

朝鮮王朝後期略図

【朝鮮王朝系図】

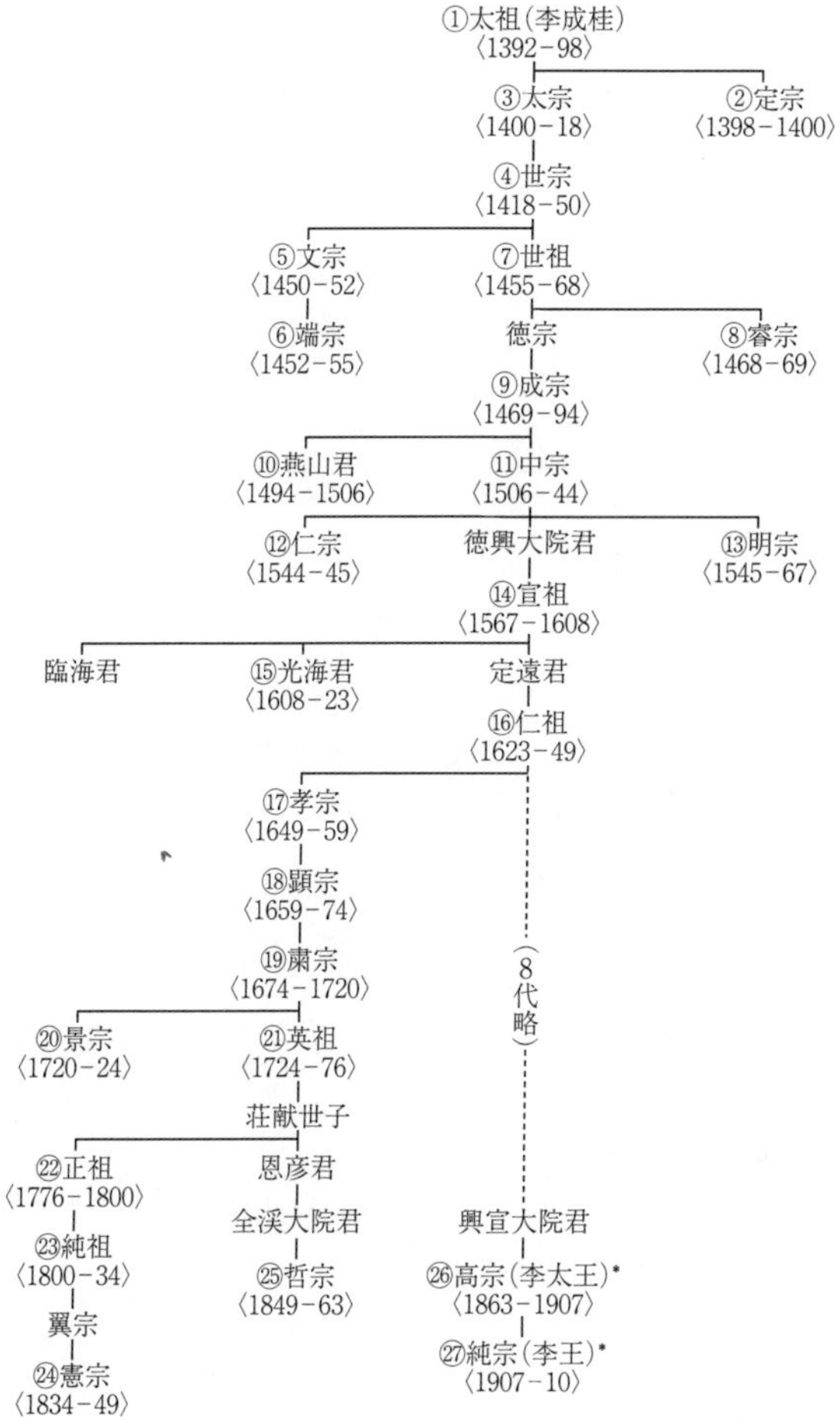

注―〈　〉内の数字は在位年.
*―(　)内は日本支配のもとでの呼称.

第一章　近代朝鮮の前夜
——実学者たちの構想

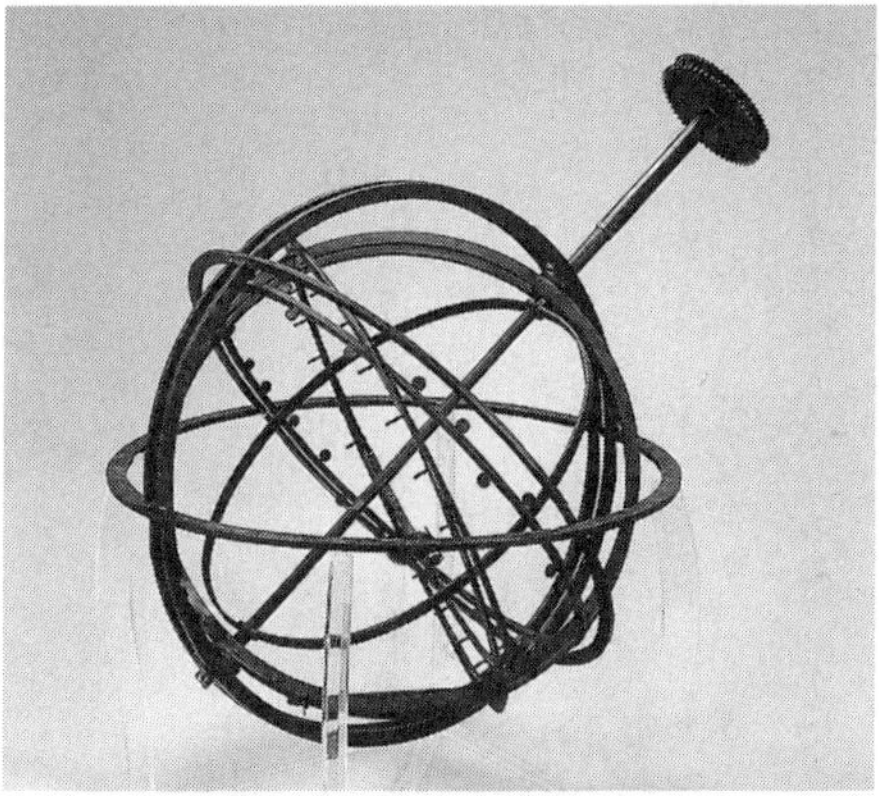

洪大容(1731〜83)が考案した天体観測器「璣衡渾天儀」(崇実大学 韓国基督教博物館蔵)

1　英正時代――朝鮮王朝中興の名君

『トンイ』の息子

二〇〇三年にNHK-BSで放映された韓国ドラマ『冬のソナタ』が、当初の予想に反して大ヒットし、幾度か再放送がなされ、韓流ブームという社会現象にまで発展したことは記憶に新しい。その後も韓国ドラマの人気は衰えず、いまではすっかり日本のお茶の間に定着している。

学生の頃、韓国語を勉強しようにも辞書や教材が不足して困ったという記憶がある者としては、まさに隔世の感を禁じえない。

そして二〇〇四年からNHK-BSでの放映がはじまった『宮廷女官チャングムの誓い』のヒットは、韓国ドラマの人気を韓国の歴史ドラマにまで拡大させるきっかけとなった。この『チャングム』は、中国、台湾だけでなく、欧米やイラン、アフリカ諸国でも人気を博し、話題となった。

さらに二〇一一年から、韓国のテレビ番組の専門チャンネルKNTVなどで放映され、今年(二〇一三年)一月からNHKの地上波で再放送された『トンイ』も多くの視聴者の支持を得ている。

『トンイ』の主人公崔同伊《チェトンイ》は、賤民の解放をめざす秘密結社「剣契《コムゲ》」の首領のひとり娘で、剣契が弾圧されたときに捕吏の手を逃れるため王宮にもぐりこむ。その後持ち前の才気を発揮して女官となり、さらには王の寵愛を得る。権謀渦巻く王宮の中で、幼いころ父から受け継いだ正義感を失うことなくまっすぐに生きぬく同伊の姿は、多くの視聴者に共感を抱かせた。

主人公の崔同伊は、朝鮮第二十一代の王、英祖《ヨンジョ》の実母であり、実在の人物である。しかし彼女についての記録はほとんど残っていない。同伊という名前ですら、ドラマの作者の創作なのだ。朝鮮王朝時代の記録では、女性の本名が伝わらないことが多いとはいえ、王の実母の名前が伝わっていないのは異例だといえる。

英祖の母は和敬淑嬪崔氏《ファギョンスッピンチェ》と呼ばれている。和敬淑嬪というのは死後贈られた諡号《しごう》だ。ちなみに「嬪」は王の後宮の位階で、後宮としては最高位の正一品のことだ。崔は彼女の父親の姓である。嬪の位にまでのぼった王の実母の名前すら伝わっていないのは、彼女が賤民の出身だからなのである。

もちろん反政府組織である剣契の首領のひとり娘であった、というのはドラマの創作であるが、伝えられるところによると彼女は七歳のときにムスリとして王宮に入ったという。ムスリというのは女官の下で水汲みや掃除を担当した奴婢だ。ムスリとして王宮に入ったという点については異説もあるが、身分として最下層であったことは間違いなさそうだ。

朝鮮王朝の歴史を通じて、ムスリが王の後宮となった例は彼女以外にない。異例中の異例といえよう。ムスリであった彼女がどのようにして王の寵愛を得るようになったのかをとどめた記録は残っていないが、一六九四年、王子、昑《クム》を産む。

このとき王宮にはもう一人王子がいた。禧嬪張氏《ヒビンチャン》が産んだ王子、昀《ユン》だ。禧嬪張氏は本名を玉貞《オクチョン》といい、父親の身分は中人であったが、その美貌と才知を武器に王妃の位にまでのぼりつめ、一時絶大な権勢をふるった女性だ。俗に朝鮮王朝の三大妖女のひとりとしてかぞえあげられている。

ふたりの王子の父親、粛宗《スクチョン》の治世は、朝鮮王朝の歴史の中で党争がもっとも激しく展開された時代だった。禧嬪張氏の背後には南人がいた。そのためそれに対抗しようと、西人は和敬淑嬪の産んだ王子を担ぐ。

これ以後党派は分裂を重ね、その名称がどんどん変わっていくので非常にわかりにくくなっている。この西人の主流派もその後「老論」、さらには「僻派」と名前をかえ、最終的に党争に勝利するのだが、ややこしくなるのでこれ以後、この党派を一括して「老論」と呼ぶことにする。

老論は諸党派の中でもとりわけ保守的かつ、頑迷、非常に融通の利かない派閥だった。血統や身分についても実に口うるさい理屈を振りかざす連中だった。その老論が、賤民出身の母をもつ昤を担ぐというのも歴史の皮肉であろう。しかし老論は他党派に対抗するためにしかたなく昤を担いだというのが実情であり、昤と老論の間にはなにかと不協和音が聞こえてくることとなる。

一七二〇年、粛宗が病没し、昀が即位する。景宗《キョンジョン》である。しかし病弱であった景宗は、一七二四年、後嗣のないまま死去する。そして王の異母弟である昤が即位する。英祖である。

党争をおさえようとしたが失敗した英祖

英祖は老論のバックアップによって即位することができたのだが、王になると老論の専横をおさえるため、蕩平策《とうへいさく》を実施する。具体的には、主要なポストに老論と対立する党派の人物を同時に登用し、お互いを牽制させたのである。

学問を好んだ英祖は、朱子学のいう聖王たらんと努力した。税制を改革して民の負担を軽減し、法典を整理して過酷な刑罰を廃止した。また第十代国王、燕山君《ヨンサングン》以来廃止されていた申聞鼓《シンムンゴ》を復活させた。朝鮮王朝時代、不十分ながら上訴、告発の制度があったが、申聞鼓は民によるその最後の手段であり、王宮の太鼓を叩き、それを聞いた王に直接訴えることができるという制度だ。農業の振興に力を注ぎ、飢えた民の救済にも細かく神経を使った。救荒作物として日本通信使が持ち帰ったサツマイモの栽培を奨励したというのも注目すべき施策だろう。

印刷術を改良し、おびただしい書物を刊行した点も特記したい。この時代、読書人層だけでなく一般庶民にまで、文芸についての関心が高まっていった。英祖と次の王である正《チョン》祖《ジョ》の時代が、朝鮮王朝の文芸復興の時代といわれる所以である。

一七四九年、健康が思わしくない英祖は、十五歳になった王世子に代理聴政《だいりちょうせい》をさせる。王が老齢、あるいは病気などで政務が執れないとき、王世子や王世孫が代わって政務を執ることを代理聴政といい、後出するが王が幼い場合に母や祖母、伯母などが代わって政務を執ることを垂簾聴政《すいれんちょうせい》という。

王世子は、老論の専横に対抗するため反対党派の人士を登用し、積極的に改革を推し進めようとした。これに対抗するため、老論は英祖の継妃であり王世子の義母である貞純《チョンスン》王后を抱き込み、王世子が謀反を企てていると英祖に讒訴《ざんそ》する。

そして一七六二年、英祖が王世子を米櫃《こめびつ》に閉じ込めて餓死させる、という凄惨な事件にまで発展するのである。

のちに英祖は王世子を死に至らしめたことを後悔し、思悼《サド》世子と諡《いみな》した。また思悼世子の息子である正祖は即位後、父に荘献《チャンホン》世子という諡号を贈った。

罪人の子が王位につくことはできない、という反対意見をおさえるため、英祖は夭折した思悼世子の息子をその兄、孝章《ヒョジャン》世子の養子とした上で、あらためて王世子とした。

一七七六年、英祖が永眠する。王であること五十二年、朝鮮王朝でもっとも長く王位にあった人物である。文芸復興を実現した王朝中興の名君と言われている。

生涯党争に苦しめられた父王、粛宗の姿をそばで見て育ち、その弊害を身をもって知った英祖は、蕩平策によって党争をおさえようとしたがそれに失敗し、実の息子を処刑してしまう悲劇の王でもあった。

朝鮮の大改革に着手した正祖

即位した王世子は二十五歳になっていた。正祖である。

正祖は即位したその日、「わたしは思悼世子の息子である」と宣言する。

思悼世子を死に追いやったのは老論である。この宣言は、老論に対する宣戦布告に他ならない。

正祖は祖父王、英祖が進めた蕩平策を徹底化し、老論の力を抑制した。そして幅広く人材を登用し、積極的に改革を推し進めていった。王権を強化するため、王直属の親衛隊である壮勇営《そうゆうえい》を創設し、秘密裏に地方官の監察をおこなう暗行御使《アメンオサ》をしばしば派遣して地方官の不正を暴き、民の喝采を浴びた。

二十四年に及ぶ正祖の治世はまさに、朝鮮王朝最後の光芒と呼ぶにふさわしい繁栄をみせた。

遠く海の彼方では、一七七六年七月四日、アメリカ独立宣言が宣布された。

一七八九年、フランスでは怒れる民がバスチーユの監獄を取り囲んだ。

清はその最盛期を謳歌していた。一七九三年、イギリスのジョージ・マカートニーは乾隆帝の八十歳を祝う使節として清に赴き通商条約の締結を懇願したが、清はマカートニーを朝貢使節と位置づけるのみで、対等の条約締結は鼻であしらわれてしまう。

日本では一七七一年、小塚原の刑場で腑分け(死体解剖)を見学した杉田玄白らがオランダ渡りの解剖書『ターヘル・アナトミア』の正確さに驚き、手探りで翻訳を進める決心をする。

世界は新しく生まれ変わろうとしていた。

次節からはこの時代に大きく発展した実学について述べていくことにしよう。

2　硬直化した朱子学に叛旗をひるがえした実学

十七世紀から十八世紀にかけて、清、朝鮮、日本の東アジア三国に澎湃《ほうはい》として新しい思潮が生まれでた。

清の顧炎武《こえんぶ》、黄宗羲《こうそうぎ》を始祖とする考証学派がそれであり、日本の場合は三浦梅園や、安藤昌益といった独特な思想家が登場する。いずれも形骸化した朱子学を批判し、現実に即した経世済民の学をめざすものであり、封建体制の枠をつきぬけ、新しい世を準備する思潮であった。

朝鮮の場合、この新思潮は実学と呼ばれている。

もともと儒学は修己治人の学であった。修己とは正徳(徳を正す)を意味しており、学問によって実心(まことの心)の涵養をめざすものであり、利用(発明や工夫)によって厚生(民の生を豊かにする、具体的には農業、工業などの発展をめざす)を実現する実用の学問を磨くことが治人の実践である。つまり儒学の根本は実心実用にあり、老荘や仏教に対して実学という言葉を用いてきた。

朝鮮王朝は朱子学を国家の基本理念とした。その高い理想は若い国家の基礎を築く上で大きな力となった。しかし近世に入り、その弊が表面化してくる。

ひとつは、経書の研究を重視し、それ以外の諸学を雑学として軽視した点だ。そのため、天文、地理や農学、数学といった実用のための学問が衰退するという結果を招いた。

さらには、朱子学一尊の姿勢を強固なものとし、それに反する研究を斯文乱賊《しぶんらんぞく》（斯文とは「この文」の意で儒学を意味する）と決めつけて弾圧した。その結果学問の自由な発展が阻害されることになった。

近世の朝鮮の実学は、この硬直化した朱子学に叛旗をひるがえすかたちで生まれでた。しかし実学者たちは、朱子学を否定したわけではない。むしろ朱子学の本義に立ち返ろうとしたのである。

3　地球は丸く、自転している——洪大容

数学と天文学

近世朝鮮に生まれた実学に北学と言われる一派がある。その主要人物の一人が洪大容《ホンデヨン》だ。洪大容は一七三一年(英祖八年)、当時朝廷で絶大な勢力を誇っていた老論の中核のひとつ、南陽洪氏の家門に生まれる。累代にわたって政界の中心に位置していた名門であり、父や叔父、従兄弟などもみな科挙に合格し官職を得ていた。

しかし洪大容は、彼自身の回想によれば、十代の頃から、家門の伝統とは異なり、科挙に応試することなく学問の道に進もうと決心した。これは別に、当時のエリートの道からはずれたということを意味するわけではない。官職についてはいないが学徳の高い学者を「山林」と称していたが、当時の朝鮮社会を主導した朋党政治を支えていたのは科挙に合格した官吏とこの「山林」であった。老論の総帥として政治を牛耳っていた宋時烈《ソンシヨル》もまた「山林」であった。

洪大容は十代の前半、老論の中核として名望のあった金元行《キムウォンヘン》の石室書院に入る。石室書院には「科挙の勉強をする者は他の書院へ行くべし」という規則があった。当時の洪大容はかなり教条的な老論の朱子学者であったようだ。

しかし二十代半ばから、既成の学問に疑問を感じ、石室書院を出た洪大容は漢城(ソウル)へ移り、異端であった陽明学や老荘、さらには仏教の書籍を渉猟しはじめる。とりわけ洪大容が力を注いだのは、当時雑学とよばれていた数学や天文学だった。

従兄弟の洪大応《ホンデウン》は当時の洪大容について、「毎日寝床に入っても、格物窮理《かくぶつきゅうり》の研究に熱中し、重要な数学の難問に取り組みはじめると夜を明かすのもまれではなかった」(『従兄湛軒先生遺事』)と語っている。

洪大容　清朝学人，厳誠のスケッチ

洪大容が特に天文学を重視したのは、万物の根源である天を探究する性理学の一分野としてそれをとらえていたからだと思われる。しかし洪大容は形而上学的な思考に終始する他の性理学者とは違っていた。洪大容は言う。

天地の真実を探究する場合、その意味から考究したり(意究)、その理から真理を求めようとしたり(理索)しても無意味である。機器を作成して測定し、計算を繰り返して推察していかなければならない。

(『籌解需用外編《ちゅうかいじゅよう》』下、測量説)

一七六〇年、二十九歳の洪大容は、羅州で羅景績《ナギョンジョク》という奇人と出会う。羅景績は齢七十を数える老人であったが、長く西洋式の時計や天体観測器を研究していた。羅景績は洪大容の協力を得て、弟子の安処仁《アンチョイン》とともに西洋式の時計である「候鍾《こうしょう》」、天体観測器「璣衡《きこう》渾天儀《こんてんぎ》」を完成させる(扉の写真)。洪大容は自宅の庭に籠水閣という亭を建て、その中にこの貴重な器械を保管したと伝えられている。

一七六五年、叔父の洪檍《ホンオク》が清への使節団の書状官に任命される。洪大容はこれを好機ととらえ、軍官として同行した。

北京に到着した洪大容は、積極的に清の人士と交流し、むさぼるように清の文物を学んだ。とりわけ清の観象台を訪問し、その責任者であった西洋から来た宣教師と親交を結んだことの意味は大きかった。

大地は球で、回転している

ではここで、洪大容が清から戻ってきてから執筆した『医山問答《いさんもんどう》』から、洪大容の宇宙観を紹介しよう。

『医山問答』では、三十年間読書三昧の暮らしをしていた虚子《きょし》が、山中の巨人、実翁《じつおう》に教えを請うというかたちで問答が展開する。問答の中で語られる虚子の学問はまさに硬直化した朝鮮の朱子学そのものであり、この人物を虚子と名づけたところからも、洪大容のウイットが感じられる。

この宇宙の構造について実翁が語る部分を訳出する。

実翁は言う。

大地は正円であり、休むことなく回転している。そしてその大地は何もない空間に浮いているのだ。万物はその表面にくっついているというわけだ。

（『湛軒書』内集四巻『医山問答』、以下同）

それに対して虚子が反論する。

古人は、天は丸く、地は四角である、と言っています。でもあなたはいま、大地は正円であると言いました。いったいどういうことですか。

実翁は呆れ顔だ。

日蝕とは月が太陽と重なる瞬間だ。言うまでもなくその影は円だ。つまり月が丸いから丸い影ができるというわけだ。月蝕は大地の影が月に映る瞬間だ。その影が丸いのは大地が丸いためなのだ。つまり月蝕とは大地を映す鏡のようなものなのである。月蝕を目にしても大地が丸いということがわからないというのは、おろかにも鏡を見てもそこに映っているのが自分の顔であることに気づかないようなものなのだ。

そして実翁は、その大地がとてつもない速さで回転しているという。

大地の塊は一日に一回転している。大地の周囲は九万里だ。一日は十二時(一日は子、丑、寅……と十二時に分けられる)。十二時で九万里をまわるのである。電光や砲弾よりも速いのだ。

電光と砲弾の速さは桁違いに違う、などという突っ込みは控えよう。当時の技術で電光と砲弾の速さの違いを観測するのは不可能だったのだから。

続いて実翁は、中国の北にある鄂羅《がくら》(シベリア)と、南に位置する真臘《しんろう》(カンボジア)の緯度を比較し、その距離が二万二千五百里であると述べる。そしてシベリアの人はシベリアが中心であると考え、カンボジアが端にあると主張し、逆にカンボジアの人はカンボジアこそが中心でシベリアが周辺であると考えるはずだ、と言う。そして今度は西洋と中国との関係について語る。

西洋と中国の経度の差は百八十度、中国の人は中国が世界の中心(正界)で西洋が周辺(倒界)であると考え、西洋の人は逆に西洋が正界で中国が倒界であると思っている。しかしいずれにしても上に天をいただき地に足をつけて生きているのであり、どこが中心でどこが周辺であるというようなことは言えないのだ。世の人は、古来の説に安住して、ものごとをあらためて観察しようとはしない。「理」が目の前にあるのに、それを知ろうとはしないのだ。天が上にあり、地が下にあるというその見かけの理論に満足してしまっている。ただ西洋の一地域だけは、その智恵と技術が精妙であり、その観測もきわめて正確であり、それにもとづいて「地球」の説を唱えている。これに対して疑う余地はまったくない。

さらに実翁は、この宇宙は無限であり、夜空の星から地球を見れば同じようにひとつの星に見えるはずだ、と言う。夜空の星々にはそれぞれ固有の世界がある、と主張しているのだ。

実翁は中華が地球の中心であることを否定しているだけでなく、地球が宇宙の中心であることも否定しているのである。

華夷の説を論駁する地球説

洪大容は、大地は丸く、虚空に浮かんでおり、砲弾よりも速く回転していると主張している。この説が思想界に与えた衝撃を理解するためには、当時性理学者たちが世界をどう理解していたかを知る必要がある。

性理学者の宇宙観を一言でいえば、「天円地方」ということになる。つまり天は丸く、地は正方形だ、というのだ。正方形である大地には当然中心がある。大地の気はその中心に集まり、そのためそこに聖人が生まれ出る。中華である。

大地は中心から離れるほど気が薄くなる。中華に対し、周辺の民族を夷《い》という。この華夷秩序が性理学者の世界観であった。

朝鮮の朱子学者は明を中華として尊崇していた。十七世紀に入り、明は北方の女真族の侵攻に苦しむことになる。時の朝鮮王、光海君《クワンヘグン》は明、清の争いに中立的な立場を取っており、清のヌルハチ(太祖)も特に朝鮮に関心を寄せることはなかった。

ところが一六二三年、朝鮮で西人派(のちの老論)がクーデターを起こし、光海君は廃され、仁祖《インジョ》が王となる。

仁祖反正である。

新政権は、明を華、女真族を夷とみなし、露骨な親明政策をとる。それに怒った女真族は一六二七年(丁卯胡乱《ていぼうこらん》)と一六三六年(丙子胡乱《へいしこらん》)、二度にわたって朝鮮に侵攻する。特に丙子胡乱では、仁祖は清のホンタイジ(太宗)に対して屈辱的な城下の盟を強要されることとなった。以後朝鮮は清の藩属国となる。

しかし朝鮮の士大夫は、清に朝貢しながらも、清は夷であるという民族差別的な認識を改めようとはしなかった。清の最盛期である康熙《こうき》、雍正《ようせい》、乾隆《けんりゅう》帝の時代でさえ、清を軍事的に膺懲《ようちょう》すべし、という北伐論がまじめに論じられ、軍備が整えられたほどである。

さらに中華である明が滅び、中原(華北一帯)は夷である清が支配することとなったので、中華の伝統は朝鮮にのみ存続している、という考えもあった。いわゆる小中華思想である。

小中華思想のもとでは、夷である清に学ぶべきものは何もない、ということになる。

洪大容の宇宙論は、このような華夷秩序にもとづく世界観に正面から挑戦するものだった。大地が球であるならば、大地の表面のどこにも中心となるべき場所は存在しない。華とか夷とかいう区別がまったく意味をなさなくなるのだ。

小中華思想にそまって清を無視しようとする朱子学者に対し、洪大容は声を大にして、清から利用厚生の学を修めるべきだと主張する。農業技術、鉱工業などにおいて、清に学ぶべきことは非常に多いのだ。

さらに洪大容の目は西洋にまで及ぶ。清の文物ですら夷であるといって学ぶことを躊躇している朱子学者にとって、西洋の学問を学ぶことなどもってのほかだったはずだが、洪大容にはそのような偏見はない。とりわけ数学と天文学において、その精緻さは驚くべきものだ、と手放しで賞賛している。

イエズス会

ここで注意しておく必要があるのは、洪大容の主張が、単に大地が球である、というだけでなく、地球が自転している、さらには宇宙は無限であり、星界にも地球と同じような世界があるはずだという主張も含んでいる点だ。

洪大容がその宇宙観を西洋の天文学から得たのは確かだが、それを通り越してどうやって地球の自転説、宇宙無限説にたどりついたかははっきりしない。

朝鮮の学者が西洋の学問に接するルートは、漢訳された西洋学術書のみであった。洪大容も例外ではない。この西洋学術書を中国にもたらしたのは、イエズス会の宣教師たちだった。この点について簡単に整理しておこう。

一五三四年の聖母マリア被昇天の祝日である八月十五日、パリ郊外のモンマルトルの丘に、イグナティウス・デ・ロヨラと六人の同志が集まり、生涯を神にささげる誓いを立てた。

イエズス会のはじまりである。

日本に来た有名なフランシスコ・ザビエルもこのうちのひとりだった。ちなみにロヨラとザビエルは、ピレネー山脈の南、バスク地方の出身である。

宗教改革の波がヨーロッパを席巻しようとしているこの時代、カトリック教会の内部から革新の波を起こそうとしたのがイエズス会だった。イエズス会はカトリック教会を内部から改革していくため、ルネッサンスの学問的な成果を大胆に吸収しようとした。そのためヨーロッパ全域に次々と大学を建てていった。イエズス会の学校では、神学だけでなく、ラテン語、ギリシャ語による古典文学、詩文、哲学、さらには科学、芸術についても最新の研究が行われた。

イエズス会がとりわけ力を注いだのは、東方伝道だった。

ポルトガルの支援により、イエズス会士のマテオ・リッチがマカオに入ったのは一五八二年であった。リッチは中国人を野蛮人とみなしてヨーロッパのやり方を押し付けるようなことはせず、儒服を着て中国人と同じような生活をし、現地の言語、習慣を研究するというイエズス会の大学の規則に従い、中国の文化、風習を研究した。

リッチはキリスト教を中国文化の中に根づかせるため、神の訳語として儒教の上帝、あるいは天帝を用い、さらには儒教的な祖先崇拝を認めた。また伝道のための手段として、ルネッサンス期の科学技術を大いに活用した。

中国文化に精通し、人格も高潔であったリッチは、中国の知識階層に大きな影響を及ぼし、徐光啓《じょこうけい》、李之藻《りしそう》という第一級の知識人が洗礼を受けた。リッチは徐光啓、李之藻などの協力により、キリスト教の教義書はもちろん、多数の漢訳科学書を出版した。朝鮮の知識人が西洋の科学に接することができたのは、これらの科学書のおかげである。

中国における伝道には、最先端の科学知識が不可欠であるというリッチの報告により、それ以後も中国に派遣されるイエズス会の宣教師はすべて、当時のヨーロッパで最先端の科学知識を身につけた人物が選ばれることになった。

これらの科学書によって、洪大容以前にも、天円地方説を批判し、地球説を唱えた者もいた。しかし地球自転説、宇宙無限説を唱えたのは洪大容が最初である。

イエズス会によって中国にもたらされた天文学は、プトレマイオスの天動説を基礎としている。カトリックでは長い間、コペルニクスの地動説にもとづく天体理論を語ることはタブーとされており、イエズス会も例外ではなかった。コペルニクスの『天体の回転について』がローマ法王庁によって禁書目録から解除されたのは一七五八年、イエズス会のブノアが『坤輿図説《こんよずせつ》』で地動説を中国に紹介したのが一七六七年だった。

洪大容が北京を訪問したのは一七六五年であり、『坤輿図説』出版前であったが、そのとき宣教師から地動説についての話を聞いた、という可能性もある。

キリスト教は浅陋

イエズス会の宣教師たちがもたらした西洋の学問、とりわけその天文学と数学は精巧にして技巧も卓越していると手放しで賞賛している洪大容も、宣教師たちが本当に伝えたかったキリスト教についての評価は低かった。

一七六五年、北京に赴いた洪大容は、天主堂を訪れ、欽天監監正（天文台の長）であったアウグスティヌス・フォン・ハーレルシュタイン（劉松齢）と面談する。ハーレルシュタインは中国語に通じており、ふたりの会話は筆談によって進行する。

洪大容はまず、儒教は五倫、仏教は空寂、道教は清浄を尊ぶが、天主学では何を尊ぶのか、と問う。

天主の学は、人を愛することを教える。人を自分自身のように愛することを何よりも尊ぶ、というのがハーレルシュタインのこたえだった。

さらに天主（デウス）が儒教でいう上帝と同じものなのか、と問うと、孔子のいう郊祀《こうし》の礼は上帝に仕えることであり、道家のいう玉皇上帝(最高神)とは違う。『詩経』の註にも、上帝は天の主宰のことだとあるではないか、というこたえがかえってきた。ハーレルシュタインはマテオ・リッチの路線に従い、儒教でいう上帝とキリスト教の神とが同一であるとこたえたのである。

洪大容はまた、天主教(キリスト教)について清の文人と交わした会話も記録している。杭州から来た潘庭筠《はんていいん》は「天主教は禽獣の教えであり、士大夫はみなこれを非と考えている。いわゆる十字架を信者は礼拝しているが、笑うべきである」と語っている。

結論として、キリスト教はひそかに儒教の上帝の号をぬすみ、これに仏教の輪廻の思想を付け加えたに過ぎず、その浅陋《せんろう》なること、笑うべきものだ、と洪大容は述べている。洪大容が事物の根源を追求する態度は、朱子学でいう「格物窮理」そのものであった。そしてその思想の背後には、朝鮮の性理学の発展によって磨きをかけられた唯物論的な「気」の自然哲学があった。その洪大容には、三位一体を基礎とするキリスト教神学は荒唐無稽な虚論でしかなかった。

洪大容が北京で会ったハーレルシュタインは「隠者の国」朝鮮への伝道に力を尽くして

きた男であった。ハーレルシュタインは朝鮮から来たこの才気あふれる男に大きな期待をかけたが、その期待はすぐに落胆に変わってしまったという。

典礼論争

洪大容は『籌解需用《ちゅうかいじゅよう》』という数学書も書いている。伝統的な数学を集大成したものであり、イエズス会の宣教師による漢訳数学書の内容も取り込んでいる。しかし洪大容の数学はあくまで静的なものであり、運動を記述する微分・積分学はその中に含まれていなかった。

西洋の近代科学発展の原動力は、何といっても運動を記述する微分・積分学だった。それまでの静的な数学に比べ、ダイナミックな微分・積分学は数学の革命であった。自然科学の飛躍は微分・積分学の発見からはじまったと言っても過言ではない。

言うまでもなく、微分・積分学はニュートン、ライプニッツにはじまる。十七世紀の末のことだった。そしてベルヌイ一族、オイラーらがそれを完成させていく。ロピタルがヨーロッパで最初の微分・積分学の教科書を出版したのは一六九六年だ。またニュートンの

『プリンキピア』をエミリー・デュ・シャトレがフランス語に翻訳して出版したのは一七四九年である。しかし一般の人々が微分・積分学やニュートン力学に接するようになるには、まだ時間がかかる。清に来たイエズス会の宣教師たちは、当時のヨーロッパの最先端の科学を体得していたと言われているが、残念ながら微分・積分学にまでは手が届いていなかった。

そして十八世紀の半ば、清に来ていたイエズス会の宣教師に対し、ドミニコ会とフランシスコ会の宣教師が攻撃をしかける。典礼論争である。

イエズス会はポルトガルの支援を受けており、ドミニコ会とフランシスコ会はスペインの支援を受けていた。この攻撃は、東方貿易の覇権をめぐる両国の代理戦争という性格を帯びていた。

ドミニコ会とフランシスコ会が問題にしたのは、イエズス会が儒教的な典礼に妥協的な態度をとった点だった。唯一神を信じるキリスト教徒としてあってはならない迷信である、と攻撃したのである。そして一七七三年、ローマ法王庁はドミニコ会とフランシスコ会の側に軍配を上げ、清におけるイエズス会を解散してしまう。

それ以後、清での伝道はドミニコ会とフランシスコ会の宣教師が担当することとなった。しかし、ヨーロッパの科学に通じていたイエズス会の宣教師とは異なり、ドミニコ会とフランシスコ会の宣教師はただ神学のみを学んだに過ぎなかった。

オイラーが『無限解析序説』を出版するのは一七四八年、『微分学教程』が一七五五年、『積分学教程』が完成するのは一七七四年だった。もし典礼論争がなければ、これらの成果もイエズス会の宣教師によって東アジアにもたらされたと思われる。そうなれば東アジアの科学の展開はまったく違う様相を示していたはずだった。しかし残念ながら、朝鮮に微分・積分学がもたらされるのは、十九世紀の後半になってからのことだった。

遊民が国を損なう

地球自転説により、華夷秩序の虚妄を衝いた洪大容は、積極的に清や西洋の学問を取り入れるべきだと主張する。

実心実用という儒学の原点に回帰すべし、と主張した実学派は、すべての学問は民の生活を裕福にするため用いられるべきであると考えていた。

洪大容も例外ではない。

経済政策については、大土地所有を制限する均田制と府兵制を土台とし、なによりも農民の生活を保障することの重要性を訴えた。

とりわけ洪大容が問題視したのは、労働に従事することなく民の上に君臨している両班《ヤンバン》の存在であった。

洪大容は言う。

労働もせずに高位にある輩《やから》はいわゆる遊民であり、民を苦しめ国を損なう者どもである、
と(「桂坊日記」)。

さらに身分を越えて才のある者を登用するため、科挙を廃止し、市井の教育機関が有為の者を推薦する貢挙制を提唱し、全国に学校を建てて八歳以上の全児童を教育させるべきだという、当時としては実に革新的な義務教育制度の実施を主張している。

4　すべての学問は民を豊かにするために——朴趾源・朴斉家

朴趾源

北学派の中心人物の一人として、洪大容の刎頸《ふんけい》の友であった朴趾源《パクチウォン》の名も欠かすことができない。

朴趾源もまた、すべての学問は民を豊かにするために役立つものでなくてはならず、実用にならない学問は死んだ学問であると主張した。学問の目的は民を豊かにし、国を富ませることにあり、そのために大切なことは生産力の発展であると訴え、北、つまり清の先進技術を積極的に朝鮮に導入しなければならないと考えた。

そのため、清は夷であり、夷から学ぶものなど何もないと主張していた当時の朱子学者を痛烈に批判

朴趾源(1737～1805，実学博物館蔵)

し、さらに清を膺懲すべしという北伐論には真っ向から反対した。朴趾源や洪大容の主張する北学論は、北伐論のパロディでもあったようだ。

洪大容と同じく自然科学にも造詣の深かった朴趾源は、神や鬼神など、超自然的な存在を迷信として排撃した。天が人間の行動を道徳的に裁くという天人感応説や五行相生相克説、あるいは因果応報説などはすべて何の根拠もない荒唐無稽な説であり、自然は自然内部の必然性によって自己運動するのみであると考えた。

さらに朴趾源は、自由奔放な文体で十数編の漢文小説を発表している。

朴斉家

朴斉家《パクチェガ》は一七五〇年、承政院右副承旨をつとめた朴坪《パクピョン》の庶子として漢城で生まれた。厳しい身分の制約があった当時、嫡庶の差別もまた残酷なほど厳しいものがあった。たとえ名家の生まれであっても、庶子であればそれだけで、まともな官職につくことは不可能であった。そのため、名家に生まれた庶子が絶望のあまり自暴自棄におちいることもまれではなかった。

数え年十一のとき、父親が死亡し、朴斉家は母親とともに漢城の本宅を出る。その後、賃仕事でやっと口を糊する苦しい生活の中、朴斉家の母親は息子の教育にだけは力を注いだ。

十九歳のとき、朴趾源と出会う。この偶然の出会いが朴斉家の人生を一変させた。身分によって人間を差別することの愚かさを喝破《かっぱ》していた朴趾源が、庶子を差別するはずはない。それは朴趾源の門下生全員の認識でもあった。

朴斉家は朴趾源を師として学問に励み、頭角をあらわしていく。

当代の王が、正祖という名君であったのも朴斉家に幸いした。正祖もまた、嫡庶の差別など何の意味もない、と考える男だった。

東人と西人の対立からはじまった党争はその後離合集散を重ね、当時はおおむね西人から わかれた老論、少論、西人が分裂してできた南人、北人の四色党派に固定化しており、その中でもっとも力をもっていたのが老論であった。

正祖の祖父であり、先代の王である英祖は、各党派の権力闘争とその報復の繰り返しによる国政の乱れをただすため、各党派間のバランスをとる蕩平策《とうへいさく》をおしすすめた。具体的には、もっとも力のある老論をおさえ、他の党派の人材を積極的に登用しようとしたのである。

正祖もまた祖父の蕩平策を受け継ぎ、推進していった。長く政権を担当してきた老論の抵抗は粘り強いものがあったが、この蕩平策のおかげで、英祖・正祖の時代、表面的には党争がおだやかなものになっていった。

正祖は即位の年である一七七六年、王宮内に奎章閣《けいしょうかく》を設置した。王立図書館である。

そしてこの奎章閣を、国家的な諸改革や文化事業の中心機関にした。さらに庶子である朴斉家を奎章閣の四検書のひとりに抜擢したのである。

奎章閣の四検書はひんぱんに北京を往来し、清の学者と交流を深め、そして貴重な文献を購入した。正祖の寵愛をえた朴斉家は、学問を深め、ラジカルな改革を提起していく。師である朴趾源が、あまりに過激な朴斉家の言動をたしなめたほどであった。

朴斉家の改革案

朴斉家にとって一番の問題は、民の困窮だった。そのため、民を豊かにすることが何よりも大切であると考えていた。朴斉家は幾度も北京を往復し、その豊かさに驚嘆した。清はちょうど乾隆帝の治世であり、その最盛期であった。そして朴斉家は清の隆盛の秘密が貿易にある、と考えた。

北京には肌の色、目の色、髪の色の異なるさまざまな人々が集まっていた。遠くアラビアやインド、ベトナムからの商人もたくさんいた。朴斉家はまず、この交易に朝鮮も参加すべきだと考えたのである。とりわけ水路の重要性を説いた。清の諸港には日本、琉球、安南(ベトナム)、西洋の船が出入りしている。水路をひらき、清に貿易船を送れば、これらの国々とも交易することになる、というわけだ。

諸外国との交易は、経済だけの問題ではない。直接には造船・操船の技術の進歩をうながし、さらにさまざまな文化が流入することによって、頭の固い老論の俗儒たちの偏見も軟化していくと考えられた。

さらに朴斉家は貨幣の流通を強化していくべきである、と幾度も正祖に提起している。商業や貿易を賤視する当時の性理学者の中にあって、重商主義ともいうべき朴斉家の主張は画期的なものだった。

そして朴斉家は、労働をしない門閥両班を退治するため、彼らを商業に従事せしめるべきだ、とまで主張しているのだ。

朝鮮王朝時代の身分は両班、常民、賤民に大別できる。しかし法的規制があるわけでもないので、両班とは何か、と問われても正確に定義するのは難しい。もともと科挙の文科、武科に合格したものをそれぞれ文班、武班と称し、それをあわせて両班といっていた。そうであれば世襲は不可能となる。しかし時代がくだるにつれ、科挙も家柄が重視されるようになり、両班という身分が固定化する。このように門閥化した両班は必然的に科挙に合格しない両班、つまりは遊食者を大量に生み出した。

これら遊食者をどうするのか、というのは喫緊《きっきん》の大問題であり、多くの実学者がその対策を提案している。その多くは、遊食者を農業に従事させるべきだ、というものであったが、朴斉家の考えはそれを飛び越え、遊食者を商業、貿易に動員しよう、と言っているのだ。商業を賤業と考えていた両班にとっては驚天動地の発想であったに違いない。

西士を招聘すべし

朴斉家はさらに、イエズス会の宣教師――西士――を朝鮮に招聘《しょうへい》して、国中の子弟にその学問を学ばせるべきだ、と主張する。西士から学ぶべきものを朴斉家は列挙する。

天文、度量衡、農桑、医薬、旱害《かんがい》への対策、水害への備え、レンガの製造とそれによる建築、銅鉱の採掘、金玉の採取、ガラスの焼成法、防衛のための火砲、灌漑《かんがい》、車船による木材・石材の遠方への運送等々。

そうすれば数年のうちに、これらを学んだ子弟は豊かな世をつくるための有為の人材となるはずである、と。

天主教を信じている西士を国内に入れることは国家百年の害となる、という論者に対して、そんな心配はない、と反論する。西士の教えとは、ただ天堂と地獄だけをあつく信じるもので、その内容は仏教と大差はない。しかしその利用厚生の才は仏教にはないものである。その十をとって一を禁ずれば、利得のほうが多くなる、というわけだ。

正祖のブレーンとして、朴斉家はこのような改革案を次々に提出したが、政権を握る老論の儒者の反対に阻まれ、理想の実現への道のりは厳しいものであった。

5　役に立たない学問は死んだ学問である――李瀷・丁若鏞

李瀷

洪大容、朴趾源、朴斉家など、北学派と呼ばれる実学者たちとは別に、もうひとつ朝鮮実学の大きな流れがある。

星湖学派である。星湖とは、李瀷《イイク》の号だ。

李瀷の父、李夏鎮《イハジン》は司憲府・司諫院の長官を歴任した大官で、清廉潔白な人物で知られていた。ちなみに台湾から長崎に向かう途中、暴風雨のため難破したオランダのスペルウェール号の乗組員、ハメルらが済州島に漂着したときの済州牧使、李元鎮《イウォンジン》は李夏鎮の従兄弟である。ハメルは李元鎮について、「この異教徒から多くのキリスト教徒が恥ずかしい思いをするほどのもてなし」(ヘンドリック・ハメル『朝鮮幽囚記』生田滋訳、平凡社)を受けたと記している。

当時の朝廷では、西人と南人との激しい党争が展開されていたが、ついに一六八〇年、西人が政権を握る。李夏鎮は南人に属していた。南人に対する弾圧が続く中、李夏鎮も朝鮮北部の山間僻地に流される。その翌年、李瀷はその地で生まれる。そしてその次の年、李夏鎮は病死し、李瀷は母に連れられ、父の故郷である京畿道広州に戻る。

西人の独裁が続く中、李瀷は官途につくことを断念し、晴耕雨読の生活をしながら在野の学者として生きていくことを決意する。暖衣飽食の遊食者ではなく、実際に農耕に従事した経験が、経学のみを尊重する朝鮮朱子学を克服し実学者としての道を歩むようにしたのかもしれない。

李瀷もまた、他の両班の子弟と同じように、「天地玄黄」ではじまる千字文《せんじもん》から学びはじめた。世界の森羅万象をうたいあげる四字二百五十句の長詩で、使われる千の漢字はすべて異なっている。朝鮮では、両班であれ常民であれ、子供に漢字を教えるとき普通千字文からはじめる。私事で恐縮だが、わたしの父も子供のころ書堂で「ハヌル天《チョン》、タン地《チ》」（ハヌル、タンはそれぞれ天、地をあらわす朝鮮語の固有語）と勉強した、と言っていた。千字文を終えれば、小学、そして四書五経である。つまりごく普通の朱子学の教育を受けた。しかし長じるにおよび、現実離れした性理学から離れ、より現実的な問題に関心を寄せるようになる。

李瀷は言う。朝鮮王朝創建以来、現実問題にきちんと対処してきたのは、李珥《イイ》、柳馨《ユソン》遠《ウォン》だけであると。言うまでもなく、李珥、柳馨遠は、実心実用を重視した大儒である。

幸いなことに、李瀷の家の書庫には父、李夏鎮が収集した数千巻に及ぶ蔵書があった。そしてその中には、李夏鎮が北京で購入したおびただしい数の漢訳科学書が含まれていたのである。李瀷はこれらの書籍を耽読し、まさに百科全書的な大学者に成長した。

李瀷は洪大容のように地球自転説まで唱えたわけではないが、イエズス会士の著した地理書を読むことによって天円地方説を超越し、華夷の偏見を克服した。

キリスト教に対しては、死後の天堂・地獄を語るもので、仏教と同じく幻妄であると批判したが、西洋の天文、暦法、地理、数学はかつて東洋にはなかった妙法であると賞賛している。

一七六三年にこの世を去るまで、李瀷は安鼎福《アンジョンボク》、権哲身《クオンチョルシン》をはじめとする多くの弟子を育てあげた。彼らは星湖学派と呼ばれ、正祖という名君と出会うことによって、朝鮮王朝の歴史に大輪の華を咲かせることになるのである。

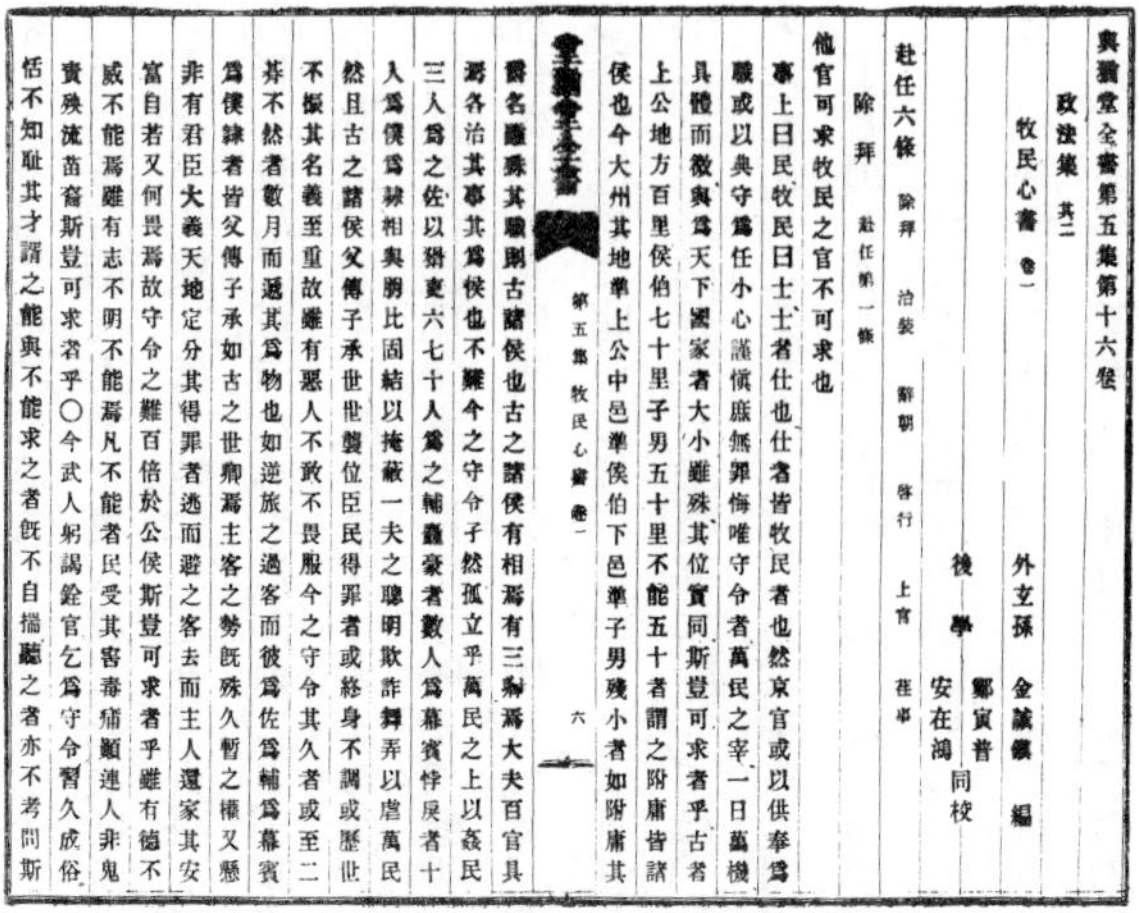
與猶堂全書第五集第十六卷
政法集 其二
牧民心書 卷一
外玄孫 金誠鎭 編
後學 鄭寅普 安在鴻 同校
赴任六條 除拜 治裝 辭朝 啓行 上官 莅事
除拜 赴任第一條
他官可求牧民之官不可求也
事上曰民牧民曰士士者仕也仕者皆牧民者也然京官或以供奉爲職或以典守爲任小心謹愼庶無罪悔唯守令者萬民之宰一日萬機具體而微與爲天下國家者大小雖殊其位實同斯豈可求者乎古者上公地方百里侯伯七十里子男五十里不能五十者謂之附庸皆諸侯也今大州其地準上公中邑準侯伯下邑準子男殘小者如附庸其爵名雖殊其職則古諸侯也古之諸侯有相焉有三卿焉大夫百官具焉各治其事其爲侯也不難今之守令孑然孤立乎萬民之上以姦民三人爲之佐以猾吏六七十人爲之輔麤豪者數人爲幕賓悖戾者十人爲僕隸相與朋比固結以掩蔽一夫之聰明欺詐舞弄以虐萬民然且古之諸侯父傳子承世世襲位臣民得罪者或終身不調或歷世不振其名義至重故雖有惡人不敢不畏服今之守令其久者或至二朞不然者數月而遞其爲物也如逆旅之過客而彼爲佐爲輔爲幕賓爲僕隸者皆父傳子承如古之世卿焉主客之勢既殊久暫之權又懸非有君臣大義天地定分其得罪者逃而避之客去而主人還家其安富自若又何畏焉故守令之難百倍於公侯斯豈可求者乎雖有德不威不能爲雖有志不明不能爲凡不能者民受其害毒痛顚連人非鬼責殃流苗裔斯豈可求者乎○今武人躬謁銓官乞爲守令習久成俗恬不知耻其才謂之能與不能求之者既不自揣聽之者亦不考問斯
與猶堂全書 第五集 牧民心書 卷一 六

丁若鏞『牧民心書』冒頭部分

星湖学派の俊才、丁若鏞

前に触れたとおり、正祖は蕩平策をおしすすめ、政権を握っていた老論をおさえ、他の党派の人材を重用していった。党争が国を滅ぼす宿痾《しゅくあ》であるという信念のゆえであり、自身の寝室を「蕩蕩平平室」と名づけるほど、その決意は固かった。

正祖が宰相に任命したのは、南人の蔡済恭《チェジェゴン》であった。庶子であった朴斉家を奎章閣の検書官に抜擢したことは前述したが、その他にも星湖学派の俊才である李家煥《イガファン》、丁若鏞《チョンヤギョン》などを重用した。ふたりとも南人であり、正祖が王でなければ世に出ることなど夢にも思うことのできない若者だった。

特に丁若鏞は実学を集大成した実学者として知られている。他の実学者と同様、丁若鏞もまたその興味は多岐にわたり、百科全書的な学者であった。その著作は五百巻に及び、内容も政治、経済はもちろんのこと、軍事、法律、文学、地理、歴史、生理学、医学から天文暦学、力学、数学にまでおよんでいる。

とりわけ性理学者が雑学と呼んで軽視していた科学技術を重視し、その根本はすべて数理にある、と喝破していた。儒教では、基本的に古いものほど価値があると考える。しかし科学技術に関しては、古いものより新しいもののほうが良いはずだ。丁若鏞は「利用厚生のために必要な百工技芸に関しては、最新の技術を現地に赴いて修得しなければならない」(『茶山詩文集』第十一巻「技芸編」)と語っている。

丁若鏞が著した『麻科会通』は当時猖獗《しょうけつ》を極めていた麻疹《はしか》を研究したもので、この書によってどれほどの朝鮮人の命が救われたかわからない、と言われている。さらに朴斉家とともに種痘《しゅとう》法を研究し、その実験を試みたりもしている。

また朝鮮の儒者は、経典についての素養が不足しているという意味で日本を軽視する風潮があるが、丁若鏞はそのような偏見にとらわれることなく、琉球と日本の技術は中国に比肩し、国民の生活は豊かであると語っている。日本では科挙が行われなかったにもかかわらず、日本の学問は朝鮮よりも優れており、恥ずかしいことだ、とさえ言っているのだ。

丁若鏞の民本主義

他の実学者と同じく、儒学の原点に立ち返ろうとした丁若鏞の学問の基本は民本主義だった。孟子は言う。

民為貴、社稷次乃、君為軽

民がもっとも大切なのであり、国家がそれに次ぎ、それに比べれば王の価値など軽いものだ。

（『孟子』尽心章句）

同じく孟子に、湯武放伐論《とうぶほうばつ》という議論がある。

暴君と言われた夏《か》の桀王《けつおう》を殷《いん》の湯王《とうおう》が討ち、殷の紂王《ちゅうおう》を周の武王が伐ったことについて、

「臣下でありながら主君を殺してもいいものだろうか」と問われた孟子がこうこたえる。

賊仁者謂之賊、賊義者謂之残、残賊之人謂之一夫、聞誅一夫紂矣、未聞弑君也

仁をそこなうものを賊といい、義をそこなうものを残という。そして残賊の人を一夫(普通の男)という。一夫である紂を誅したという話は聞いたが、君を弑《しい》したという話を聞いたことはない。

(『孟子』梁恵王章句)

丁若鏞は「湯論」でこう述べている。

そもそも天子とはどのようにして生じたものなのか。雨のように天から降ってきたものなのか、あるいは地から湧き出したものなのか。

五家が集まって隣となり、その長を推戴して隣長とする。

五隣が集まって里となり、その長を推戴して里長とする。

五鄙が集まって県となり、その長を推戴して県長とする。

何人かの県長が集まって推戴した者が諸侯となる。

そして何人かの諸侯が集まって推戴した者が天子となるのだ。

つまり天子とは大衆が推戴した者のことなのである。


（『茶山詩文集』第十一巻「湯論」、以下同）

丁若鏞は王や天子に神秘的な価値のようなものは認めない。王や天子は大衆が推戴した者なのだ、と明快そのものだ。民が王や天子を推戴したのなら、王や天子を取り替えるのも民の自由ということになる。


大衆が天子を推戴したとしても、大衆がこれ以上天子を推戴できないとなれば、天子は退かなければならない。

五家に不服があれば五家が協議して隣長を取り替える。

五隣に不服があれば二十五家が協議して里長を取り替える。

九侯八伯に不満があれば九侯八伯が協議して天子を取り替える。

九佾八佾が天子を取り替えるのは、五家が隣長を取り替え、二十五家が里長を取り替えるのと同じことなのだ。いったいどこの誰が、臣下が君を伐ったなどと寝言を言っているのか。

農楽隊の先頭に立って全体を指揮する者をサンセという。丁若鏞は天子をこのサンセにたとえる。

庭で舞う者が六十四人いる。ひとりを選び出し、先頭に立て、羽葆《うほう》(羽飾り)で全体の指揮をとるようにする。羽葆で指揮をとる者がうまく舞うことができれば、人々は尊敬の意を込めて「わが舞師」と彼を呼ぶ。しかしうまく舞うことができなければ、彼は列の中に戻らなければならない。そして別の者を選び、その者がうまく舞うことができれば、その者を「わが舞師」と呼ぶわけだ。舞師の位置から引きずりおろすのも大衆であり、舞師として尊敬するのも大衆なのだ。一度舞師として尊敬しておきながら、今度は別の人を舞師にたてたからといって庭で舞う者たちを非難したとしたら、それが道理に合うことなのであろうか。

このような理を知らずに湯武を非難する人々に対して、丁若鏞はユーモアを交えた皮肉を投げつけている。

荘子は言っている。かげろうは、春や秋という季節を知らない、と。

耕す者が田を所有すべし——耕者有田

朴斉家にみられるとおり、北学派は商業、貿易を重視する重商主義的な傾向をもっていたが、星湖学派は、農が国の大本、という考えから、農業を重視する重農主義的な考えをもつ者が多かった。

農を重視するとは、土地配分の問題を考えることになる。民を豊かにするためには、大土地所有の弊害を何とかしなければならない。星湖学派の鼻祖である李瀷が私淑した柳馨遠がもっとも重視したのが田制改革であり、耕者有田《こうしゃゆうでん》の原則にしたがって土地を均等に分

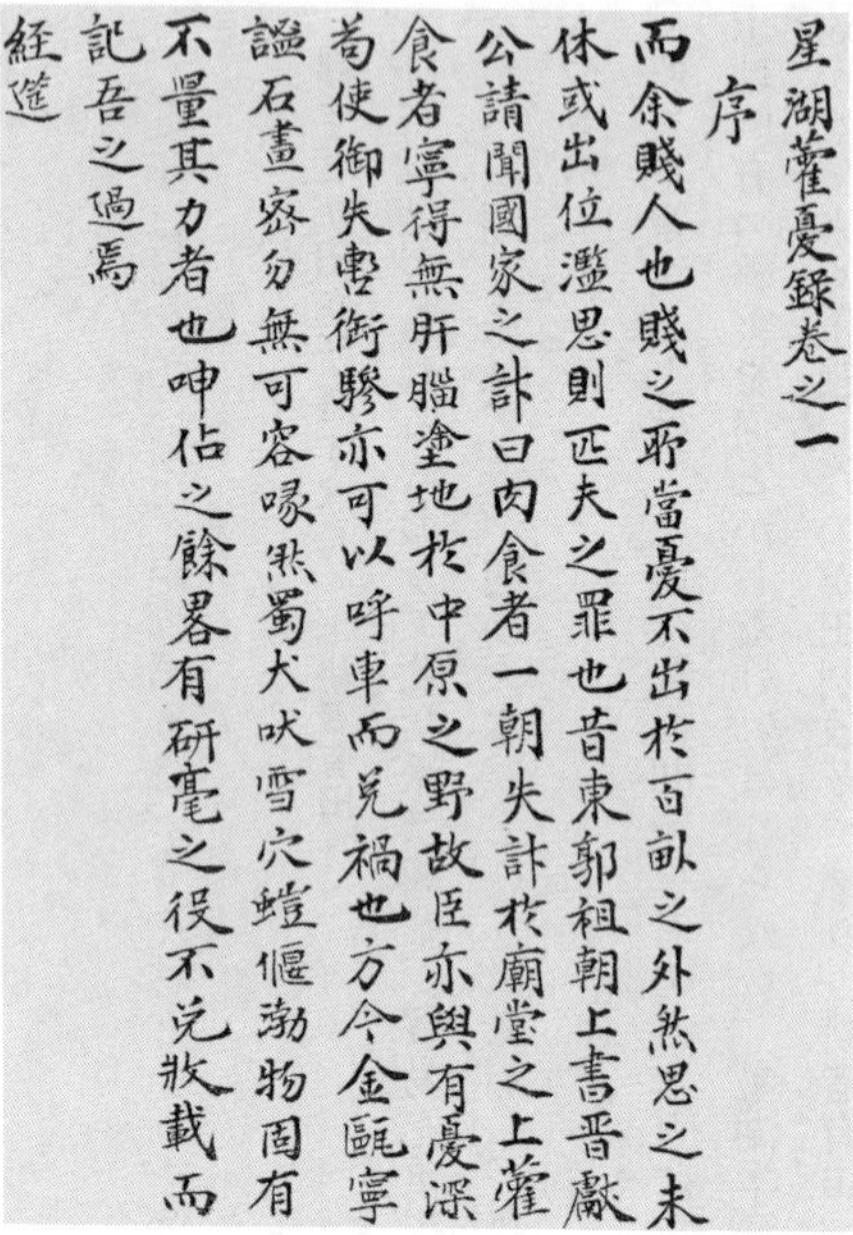

星湖藿憂録巻之一
序
而余賤人也賤之所當憂不出於百畝之外然思之未
休或出位濫思則匹夫之罪也昔東郭祖朝上書晋獻
公請聞國家之計曰肉食者一朝失計於廟堂之上藿
食者寧得無肝脳塗地於中原之野故臣亦與有憂深
苟使御失轡銜驂亦可以呼車而免禍也方今金甌寧
謐石畫密勿無可容喙然蜀犬吠雪穴螳偃渤物固有
不量其力者也呻佔之餘畧有研毫之役不免妝載而
記吾之過焉
經筵

李瀷『星湖藿憂録』冒頭部分

配する均田制を提唱した。李瀷をはじめ星湖学派の実学者たちはこの均田制についてさまざまな観点から検討を加えていった。

朝鮮の民が貧困で苦しんでいる根本的な原因は土地の兼併による大土地所有にある、というのは星湖学派の実学者たちの一致した見解だった。

一七九九年、三十八歳になった丁若鏞は満を持して「田論」を発表する。丁若鏞の代表作ともいわれている論文だ。一読すればわかるとおり、かなり過激な改革案であり、現実的な提案というより、ユートピアを語ったもののように感じられるかもしれない。しかしわたしは、丁若鏞が聖君であると信じた正祖のもとで、かなり本気でこの改革を遂行しようとしたのではないか、と考えている。

丁若鏞はまず、たとえ話から論をはじめる。

ここに十頃《キョン》の田をもっている男がいる。男には十人の子供がいたとしよう。男は一人の子に三頃、二人の子に二頃ずつ、三人の子に一頃ずつ田を分けた。残りの四人は田を分けてもらえず、泣きながら路上で飢え死にした。男は親としてなすべきことをしたといえるだろうか。

天が民を生み出したとき、天はまず田地を用意し、民が生きていかれるようにした。また民のために王や牧民官をたて、民の父母の役割を果たすように命じ、民の財産を均等に分配し、みなが平穏無事に生活できるようにした。

もし子供たちである民が互いに争い、力の強い者が他人の土地を強奪しているのに、父親役である王と牧民官が黙ってそれを見ているだけであるとしたら、どうであろうか。強い者が土地を独り占めし、力の弱い者が土地を奪われ餓死するとすれば、王と牧民官はその職責を全うしているといえるだろうか。

その点を考慮するならば、民の財産を均等に分配し、みなが平等に生きていかれるような社会を築く者こそ、真の王であり牧民官であるといえよう。それができなければ、王と牧民官の役割を放棄したと非難されるべきだ。

（『茶山詩文集』第十一巻「田論」、以下同）


文中にある「頃」は土地の単位で、一頃は約三千坪だ。

続いて丁若鏞は、朝鮮の土地所有の現状を語る。


現在わが国には約八十万結《キョル》の田地があり、民は約八百万人だ（「結」というのは一定の量の穀物を収穫することのできる土地の単位で、一等地なら三千坪弱、六等地なら一万坪ほどになる）。

一戸の家族を十人と考えたとき、一戸あたり一結の土地を分配すれば、民は飢えることなく生きていくことができる。

しかしわが国の高官や金持ちの中には、ひとりで数千石の穀物を手にしている者がいる。彼らの田地を計算してみると、一戸で百結の土地を有していることになる。これは九百九十人の犠牲の上に、十人(一戸)が贅沢な暮らしをしていることを意味している。

嶺南の崔《チェ》氏や湖南の王《ワン》氏のように、一万石の穀物を有する者もいる。彼らは四百結もの土地を私有しているのだ。彼らわずか十人の豪奢な暮らしは、三千九百九十人の犠牲の上に成り立っているのである。

しかし朝廷の牧民官は、民の財産を均等にしようと努力したりはしない。これでは王を正しく輔弼《ほひつ》しているとはとても言えないのである。

続いてこれまで提案されてきた土地改革案を検討していく。

まずは古代中国の周の時代に実施されていたという井田制《せいでんせい》だ。土地を「井」のかたちに九個の正方形に等分し、中央のひとつを公田とし、まわりの八個の正方形を私田とする土地制度だ。

しかし井田制は、土地が平坦であることと、耕地が畑であることを前提としているため、水田が多く、また山地にまで開墾が進んでいる朝鮮では実施が不可能であると結論づけている。

次は柳馨遠が提唱した均田制だ。

均田とは、田地と人口を計算し、それで平等に分配しようとする制度だ。しかし人口は常に変動しており、そもそも分配される土地の量を正確に計算するのは不可能だ。また土地には肥沃なところもあれば痩せこけたところもある。厳密に言えば、土地の肥沃度はうねごとに異なってくる。だから土地の均等配分は原理的に不可能となる。

では限田制はどうだろうか。

限田制は李瀷が提案したもので、身分や地位によって所有しうる土地の上限に制限を設けるという制度だ。しかしこれも現実的ではない。法で土地所有の上限を定めたとしても、他人名義で土地を購入するという抜け道があるからだ。

ここで、天下の人々がみな田を耕すというのがわたしの心からの願いである、と前提した上で、大原則を示す。

使農者得田、不為農者不得之

田を耕す者が土地を所有し、田を耕さない者の土地所有を認めない。

この原則にしたがって、丁若鏞は閭田《りょでん》制を提唱する。

田を耕す者に田地を与え、そうでない者が田地を所有できないようにするために、わたしは閭田制を実施すべきであると考えている。

閭田制とは何か。

山や谷、川などの地形によって一定の区域を定め、境界線を引き、その内部を閭と呼ぼう(周の時代、二十五戸を一閭と称した。その名称をここで借りることにし、三十戸ほどを一閭とする。戸数は若干上下してもかまわない)。三閭を一里とし、五里を一坊、五坊を一邑《ゆう》としよう。

閭には閭長《りょちょう》を置き、閭の土地をそこに住む人々が共同で耕す。ここは何某《なにがし》の土地、あそこは別の何某の土地、というような区別は一切せず、すべての仕事は閭長の命令にしたがって行う。そして、人々の労働を、閭長が毎日記録していく。

そうして、秋の取り入れのとき、収穫物をすべて閭長の庭に集め、分配する。官に収める税と閭長の俸給を除いたすべてを、人々の労働に応じて平等に分配するのだ。

たとえば、ある年の収穫から税と閭長の俸給を除いた分が千斛《こく》であったとしよう（一斛は百升）。また帳簿に記載された労働日が延べ二万日であるとする。すると、一日の労働に対して、五升の穀物が配分されることになる。

ある夫婦が息子夫婦とともに八百日働いたとすれば、四十斛の穀物を得ることになる。またある人が年間十日しか働かなかったとすれば、受け取るのは五十升だけだ。たくさん働けば働いただけ、受け取る穀物も多くなる。こうすればみな一所懸命に働くようになるはずだ。みなが懸命に働けば、それだけ収量も多くなる。そうなれば民の財産も増え、財産が増えれば民心も淳厚《じゅんこう》となろう。孝悌の倫理が定着することになる。したがってこの制度が最善であると言えるのだ。

続いて丁若鏞は、民の自由な移動を前提として閭田制を実施すれば、数年で閭と閭との平等な関係が実現すると主張する。民は自然に、収穫の多い閭に集まってくるはずだからだ。

そして丁若鏞は、遊食者である両班をどうするか、という問題を論じる。

> 田を耕す者が田地を所有するようにし、みずから耕すことのない者は田地を所有できないようにする。田を耕す者は穀物の分配を受け、そうでない者は穀物の分配を受けられない。そのようにする必要があるのだ。
>
> 工匠はみずから作成した器具を穀物と交換する。商人は貨物を糧穀と交換する。そこには何の問題もない。
>
> 士の十本の指は軟弱で、厳しい労働に耐えることができない。そのような士が畑を耕すだろうか。草取りをするだろうか。荒地を開墾するだろうか。肥やしを与えるだろうか。そして彼らの名前が労働の帳簿に記録されなければ、秋に穀物をもらうことができない。

ああ、わたしが閭田法を施行しようと提案しているのは、まさにこの問題を解決したいがためなのだ。

そもそも士とは何なのか。どうして士はみずから手を動かすことなく、大地が生み出したものを奪い、他人が働いて作り出したものを食しているのか。

士が労働をせずに遊び暮らしているために、民は大地が生み出す利得を十全に得ることができないでいる。働かなければ穀物の分配を得ることができないとなれば、士も田を耕すようになるはずだ。士が田を耕すようになれば、この国の秩序を乱そうとする者もいなくなるだろう。

士の中には農民になることができない者もいるだろう。こういう者に対してはどうすればいいのだろうか。工匠や商人になる者もいるだろう。朝には野に出て田を耕し、夜は家で古人の書を読む者もいるだろう。富裕な者の子弟を教えることで口を糊する者もいるはずだ。またこの世界の理智を研究して土地にあった農作物を探し出したり、水利施設を建設したり、新しい器具を工夫して人の労力を減らしたり、農業技術や牧畜法を教える者もいるだろう。このような者の功績を単純な肉体労働とみなすことはできない。一日の労を十日分と記録し、十日の労を百日分と記録して、穀物の分配を受けるようにするべきである。このような士には当然分配があるべきなのだ。

続いて丁若鏞は、税の問題に言及する。国税は十分の一を原則とする。しかし現在、朝鮮の土地に賦課されている税率は二十分の一に過ぎない。それに対して広大な土地を私有している富豪は、その土地を耕作している農民に対して、なんと収穫の二分の一を取り立てている。とんでもない高率である。

閭田制が実施されれば、この「わたくしの税」は消滅する。農民が上納する収穫物は二分の一から十分の一となり、国家の収入は収穫の二十分の一から十分の一となる。閭田制の実施は民と国家を豊かにするというわけだ。

最後に閭田制にもとづいた兵制について論じて、「田論」は終わる。

他の土地改革案と丁若鏞の閭田制とのもっともいちじるしい違いは、閭田制では土地の私有が完全に認められていない、という点にある。その意味で閭田制は、当時提案されていた土地改革案の中でも、もっともラジカルなものだと言えよう。

もし閭田制を実施しようとすれば、大土地所有者からの猛烈な反対にあい、朝鮮は国がひっくり返るような大騒ぎとなったはずである。そしてもし実際に施行されれば、朝鮮は根本的に生まれ変わることになったはずだ。

正祖と丁若鏞の間で、土地改革について具体的にどのような議論が交わされていたのか、今となっては知る術はない。

6　洗礼を受けた士大夫——キリスト教の浸透

信者には人として対し、その書は焼却する——人其人、火其書

これまで紹介してきた実学者たちは、イエズス会の宣教師たちが漢訳した書籍を通じて西洋の科学技術に接し、その精妙さに感嘆し、民を豊かにするためにこれらの科学技術を積極的に取り入れるべきだと主張した。朴斉家のように、宣教師を直接朝鮮に招聘すべきだと訴えた者もいた。ただ天主教そのものに対しては冷淡であり、虚妄、幻妄、あるいは可笑(わらうべき)というような評価に終始していた。

しかし朝鮮の士大夫がみな天主教に冷淡であったわけではない。とりわけ星湖学派に属する実学者の中には、漢訳西洋書に接することで天主教に関心を抱き、入信する者もあらわれた。

政権を握っていた老論は正祖の寵愛を受けていた実学者たちを排除しようと画策していたが、天主教の問題は格好の攻撃材料となった。

老論は天主教を「無父無君之邪教」と規定し、非難した。儒教は人倫の基本を父子の間の孝、君臣の間の忠に置いている。天主教では父なる神との関係を絶対視し、父子とか君臣というような人間同士の関係は神との関係と比べれば軽いものとなる。したがって「無父無君」という規定そのものは的外れとは言えない。

この「無父無君之邪教」というスローガンは儒者に対して大きなインパクトを与えることとなった。

正祖もこの問題では苦慮せざるをえなかった。儒教を国教としている以上、「無父無君之邪教」を認めるわけにはいかなかったからだ。正祖は、老荘、仏教思想から儒教を守る方途を述べた韓愈《かんゆ》の「原道」から次の句を引用する。

人其人、火其書

信者には人として対し、その書は焼却する。

正祖は言う。邪教は正教としての儒教を明らかにすれば、自然に滅ぶはずだ、と。

士大夫から民衆へ

一五四九年、イエズス会が結成されたときからの同志であるフランシスコ・ザビエルが九州の鹿児島に上陸し、天主教の種をまいた。中国の天主教の歴史もまた、一五八二年にやはりイエズス会の宣教師であるマテオ・リッチがマカオに上陸したときにはじまった。ところが朝鮮の場合、宣教師から教えを受けるのではなく、朝鮮国内の士が漢訳西洋書によって天主教を研究することから、天主教の歴史がはじまったのである。

朝鮮の士大夫が研究したのは、主としてマテオ・リッチの著書であった。マテオ・リッチは中国に天主教を広めるため、中国の言語、歴史、風俗を研究し、それに適合するように教義を展開した。当時中国でもっとも力をもっていた思想は儒教である。

キリスト教のデウス(天主)は、儒教の古経にある「上帝」と同じものだ、とマテオ・リッチは主張したのである。マテオ・リッチの理論によれば、秦の始皇帝による焚書坑儒《ふんしょこうじゅ》によって、人格神であった上帝について記述したものは失われ、その後朱子が人格神としての上帝を否定し、太極理気説によって無神論的に歪曲してしまった、というわけである。

ここで朝鮮の実学者たちが、儒学の原点に立ち戻ろうとしていた、という点を思い出してほしい。たとえば李瀷は秦の焚書坑儒以前の儒学にさかのぼり、孔孟の学の原点から朱子学を批判しようとしていた。李瀷の弟子筋である星湖学派の実学者にとって、マテオ・リッチの教義は新鮮なものと感じられた可能性がある。

実際、十八世紀末、何人かの星湖学派の実学者が洗礼を受けている。

ところがここで、朝鮮の天主教徒にとっては思いもよらない事件が発生する。典礼論争である。

イエズス会は儒教的な祭祀を認めたが、典礼論争以後、ローマ法王はそれらを迷信として排撃する、という立場を鮮明にした。これは朝鮮の士大夫にとっては衝撃的な事件だった。

「無父無君之邪教」という非難が展開される中、もちろん信仰を守り通した信者もいるが、多くの士大夫は天主教から離れていった。

その後天主教は、漢訳西洋書によって教義を学んだ士大夫層ではなく、厳しい身分的制約の中で天主教そのものに魂の救済を求めた一般民衆や女性の間に広まっていくのである。

第二章　開国か、鎖国か

——揺れる朝鮮半島

華城（水原城）長安門

1　空白の八十年——正祖の急死と実学者の受難

華城

一八〇〇年六月、正祖が四十九歳の若さで急死する。

正祖は死の直前まで、朝鮮の根本的な改革を意図していた。その改革の焦点は、華城《ファソン》(水原城《スウォンソン》)にあった。正祖は一七八九年、非業の死を遂げた父、荘献世子の陵を水原に移し、その近くに華城の建設を計画する。

華城は一七九四年に着工し、九六年の竣工まで、延べ三十七万人を動員する大工事であったが、正祖はこれを、民の賦役——強制労働——を一切用いずに推進させた。まったく前例のないことであったが、工事に参加した民にすべて賃金を支払ったのである。この工事が民の負担にならぬよう配慮すると同時に、これ以後の国家的事業の前例とするためであった。

正祖はこの華城建設に実学者の若き丁若鏞を抜擢し、丁若鏞もまた正祖の期待に十分以上にこたえることができた。

華城は総延長五キロメートルの城壁に囲まれ、楼閣、塔、城門を備えた軍事的な要塞であったが、学術、農業、商業の中心として繁栄させる意図のもとに設計された理想都市でもあった。

華城の建設にあたり、毎年のように氾濫を繰り返していた真木川《チンモクチョン》をせきとめ、水門、閘《こう》門《もん》を有する最新の貯水池、万石渠《マンソクコ》を造った。そしてその周辺の荒蕪地《こうぶち》を開墾した。大有屯《だいゆうとん》である。

開墾した土地の半分は屯田として王の親衛隊である壮勇営に耕させ、残りは田地のない貧しい農民に分け与えた。屯所が兵や農民に種子を与え、牛や農機具を貸し与えるなど、至れり尽くせりの待遇だった。

大有屯では実学者が研究した最新の農業技術が活用された。さらに測雨器や、龍骨車《りゅうこつしゃ》、龍尾車《りゅうびしゃ》と名づけられた水車、そして水門、閘門などを有効に利用し、当時の朝鮮において最高の生産性を実現した。大有屯はわずか数年にして、華城建設の資金をすべてまかなうほどに発展したのである。

さらに商業を育成するため、水原の商人に無利子で六万五千両を貸与し、米穀廛《てん》、魚物廛、木布廛、鍮鉄廛《ちゅうてつてん》、棺槨廛《かんかくてん》、紙鞋廛《しあいてん》などの市場が開設された。

そして華城の中央に、人工的に十字路をつくったのである。当時城塞都市の中央通りは、北側に官庁を置く丁字路が普通だったが、商業地区を育成するためにわざわざ十字路をつくったのだ。

正祖は甲子の年(一八〇四年)に、十五歳の成年になる世子に王位を譲り、みずからは繁栄するこの華城に移り住むつもりだった。実質的な遷都である。政権を握っている老論と、漢城の独占商人を政治の中心から引き離す狙いもあった。

なお華城は一九九七年、ユネスコの世界遺産に登録された。

正祖の急死

甲子の年の大改革の布石として、一八〇〇年五月三十日、経筵《けいえん》の席で正祖は重大な命令を下す。五月の晦日《みそか》であったので、五晦筵教《オフェヨンギョ》と呼ばれることになる。

経筵とは王が経書を学ぶ場だが、第四代王、世宗の頃から、ここでしばしば政治的に重要な命令が下されたりもした。正祖は五晦筵教の中で、父親である荘献世子について言及したのである。

荘献世子は正祖の父であるが、老論とその意を受けた貞純王后の讒訴《ざんそ》によって、米櫃の中に閉じ込められて餓死するという悲惨な最期を迎える。

その後も老論が政権を握り、紆余曲折を経て王となった正祖も、父である荘献世子の死を究明することはできないでいた。

ところがこの日、正祖は五晦筵教の中で、荘献世子を死に至らしめた責任を厳しく追及したのである。名指しこそしなかったが、これは老論に対する正面からの批判であった。

さらに五晦筵教は、老論と対立している気鋭の実学者、李家煥を宰相(領議政)に任命することを強く示唆した。

ところがそれからひと月後の六月二十八日、正祖は急死するのである。

当時から毒殺説がささやかれていた。

正祖が毒殺されたと信じた張時景《チャンシギョン》、張玄慶《チャンヒョンギョン》らが王を弑《しい》した逆賊を討つという名目で兵を挙げたが、失敗し、その一族が処刑されるという事件が起こった。

また丁若鏞は正祖の死から一年ほど過ぎてから、「海狼行」という詩を書いた。これは正祖毒殺説を強く示唆するものだと言われている。

しかし状況証拠はいくつか存在するが、正祖が毒殺されたという直接的な証拠は見つかっていない。これはたとえば孝明天皇毒殺説などと同じように、永遠の謎として残るものなのかもしれない。

ただ、実際に正祖が毒殺されたのかどうかにかかわりなく、民の間では広く正祖が毒殺されたと信じられた、という事実には注目する必要がある。正祖の死はひとつの時代の終焉であった。そのことを朝鮮の民は十分に認識していたのである。

朴斉家の粛清

一八〇〇年七月四日、兄が死んだため世子となったばかりの正祖の次男が王となる。純祖《スンジョ》である。

即位したとき、わずか十一歳であり、先々代の王、英祖の継妃である貞純王后が垂簾《すいれん》聴政《ちょうせい》を行った。

　貞純王后は正祖から見れば祖父の継妃であるが、王妃として迎えられたとき英祖は六十六歳、貞純王后は十六歳であったため、正祖との年の差は七歳にしか過ぎない。老論と敵対した荘献世子を死に追いやったひとりであり、正祖が即位してからも反正祖勢力の中心であった人物である。

　権力を握った貞純王后は老論と結託して正祖が進めていた改革をすべて中断し、正祖が創建した王直属の軍である壮勇営も廃止した。そして正祖が抜擢した実学者たちも次々と粛清していったのである。

　たとえば正祖に寵愛された朴斉家は、親戚である尹可基《ユンガギ》による凶書事件に連座して逮捕される。凶書とは、貞純王后と老論の領袖《りょうしゅう》である沈煥之《シムファンジ》を誹謗《ひぼう》した壁紙のことである。そして最果ての地、咸鏡道鏡城《キョンソン》に配流される。

　一八〇五年に釈放されて故郷に戻り、一八一五年に病没したと伝えられているが、没年については一八〇五年説、一八〇六年説とあり、はっきりしない。

辛酉の年の大弾圧

正祖の死の翌年である一八〇一年一月十日、貞純王后は天主教徒を弾圧せよとの教旨を発表した。

先王である正祖は、正学、つまり儒教を明らかにすれば、邪学——天主教——はおのずからなくなると言ったが、邪学は日に日に盛んになる一方であるから、厳しく処断しなければならない、と命じたのである。

この教旨に便乗して、政府は正祖が信任した宰相(領議政)、蔡済恭に対しても、反逆者を育てた張本人だ、と罵倒した。蔡済恭は二年前に八十歳の高齢で病没していたが、もし生きていたらどのような弾圧を受けたか、想像するだけで恐ろしくなる。

天主教徒に対する弾圧は全国に及び、殉教者は三百人を超えた。一八〇一年は辛酉の年なので、この大弾圧を辛酉教難《しんゆうきょうなん》という。

辛酉教難は天主教徒に対する弾圧であるが、天主教に名を借りた反対派の粛清という性格も色濃く帯びていた。

正祖が蔡済恭のあとの宰相にしようと考えていたと思われる李家煥も逮捕され、過酷な拷問によって獄死した。西学に通じていた李家煥は、正祖の生存中から、老論によって天主教徒であると非難され、その非難をかわすために官妓を妾としたこともあった。李家煥は正祖が感嘆するほどあらゆる学問に通じていたが、とりわけ天文、数学については「もし自分が死んだら東国の幾何の種子は絶えてしまうだろう」と自負するほどの人物であった。しかしその学問を生かすこともできず獄死してしまうのである。齢六十であった。

李家煥だけでなく、天主教徒とはいえない実学者もこのとき根こそぎ逮捕された。とりわけ南人系の人材は全滅してしまった。

丁若鏞の逮捕

丁若鏞もこのとき、ふたりの兄、丁若銓《チョンヤクチョン》、丁若鍾《チョンヤクチョン》とともに逮捕された。

丁若鍾は李瀷のもとで西学を学び、天主教徒となった。天主教に対する迫害が続く中、多くの士大夫が天主教から離れていったが、丁若鍾は最後まで棄教せず、天主教を通じて因習打破、身分制打破の社会運動を続けた。誰にでも理解できるようハングルによる教理書を書いたことでも知られている。一八〇一年四月、他の多くの実学者たちとともに処刑された。娘の丁情恵《チョンジョンへ》もおなじときに殉教している。

丁若銓と丁若鏞は天主教徒でないことが認められ、死一等を減じ、流罪となった。丁若銓は西海の孤島、黒山島《フクサンド》に流された。数学の力量では丁若鏞よりもすぐれていたと言われ、また黒山島で近海の海洋生物を分類整理した『茲山漁譜《じさんぎょふ》』を執筆した。『茲山漁譜』は、海洋生物を鱗類、無鱗類、介類、雑類に分類し、総計百五十五種の生物について、名称、形態、習性、分布等を詳細に記したもので、博物学の名著と言われている。

丁若鏞は慶尚道長鬐《チャンギ》、そして全羅道康津《カンジン》に流された。配流の地にあっても丁若鏞は意気消沈することなく、著述に専念する。実学を集大成したと言われる、五百巻に及ぶ著書の大半はこの時期に執筆されたものだ。

田制についても、正祖の死の直前に書いた「田論」とは異なる「井田論」という議論を展開している。井田論といっても、もちろん古代の井田制をそのまま実施せよというような議論ではない。

「田論」では土地の私有を一切認めない閭田制という過激な施策を主張していたが、あらたな議論ではより現実的な政策を提案している。いずれにしても耕者有田という原則を実現しようとする施策ではあるが、閭田制に比べると後退したという印象を受ける。

正祖という卓越した王のもとでなら閭田制も実現可能であるが、正祖が死去した現在、より現実的な施策が必要だと考えて「井田論」を書いたのではないか、と考えられる。

閭田制は単なるユートピア思想ではなく、丁若鏞はかなり本気になって閭田制の実施を考えていたのではないか、と前述したが、その根拠はこの「井田論」の存在である。しかし流人である丁若鏞が現実の政治に口を出すことはできなかった。

一八一八年、十八年におよぶ流人生活から解放され、故郷に戻る。

一八三六年二月二十二日は結婚六十周年の記念日であり、丁若鏞は「回巹詩《かいきんし》」という詩を書く。「巹」は、婚姻の杯の意だ。

六十年の歳月はまばたきをする間に過ぎ去ってしまったかのようだが
濃い桃色にいろどられた春の色は新婚のときのままだ
生死や離別の経験は人を老いさせるが

悲しみは短く、喜びは長かった。君王の恩を思うばかりだ
今宵木蘭《もくらん》の詩を詠唱する声はさらにここちよく
かつて霞帔《ハピ》(チマ)に記した墨のあとはまだはっきりと残っている
一度切り取られてはまた一つになったそのすがたはおまえとわたしのようだ
一対のひさごを子孫のためにとめおこう
(『茶山詩文集』第七巻)

木蘭の詩とは言うまでもなく、老いた父に代わって娘の木蘭が従軍するという古詩だ。木蘭の詩を詠唱しているのは、子供であろうか、孫であろうか。霞帔とは、女性の裳のことだ。康津に流されていたとき、千里の彼方から、病妻が霞帔を送ってくれた。それは彼女が婚姻の日に身につけたファルオッだった。ファルオッはもともと公主《コンジュ》(王妃の産んだ王女)と翁主《オンジュ》(後宮の産んだ王女)の大礼服であったが、のちに民の婚礼服としても使われるようになった女性の晴れ着だ。その布地は長い年月を経て、鮮や

かだった赤も色あせていた。丁若鏞はその布地を裁断して冊子を作り、子供たちに残す教訓を記していった。この冊子は「霞帔帖」と呼ばれ、現存している。その中に、丁若鏞は妻が霞帔を送ってくれた事情をわざわざ篆書《てんしょ》で記している。

この日、結婚六十周年を祝う客が集う中、丁若鏞は静かに息を引き取る。波乱に満ちた七十五年の生涯だった。

黄嗣永帛書

天主教徒に対する過酷な弾圧が続く中、朝廷を震撼させる事件が発生する。黄嗣永帛書《ファンサヨンはくしょ》事件である。

黄嗣永は幼い頃から才気あふれる少年で、弱冠十七歳にして進士に合格して試験官を驚かせ、正祖から直接褒《ほ》められたほどだった。その後丁若鏞の長兄、丁若鉉の娘と結婚し、丁若鍾の影響で天主教に近づき、布教のため朝鮮に潜入していた中国人の宣教師、周文模によって洗礼を受けた。

辛酉教難がはじまり、丁若鍾らが捕まるのを見て、黄嗣永は豊かな髭をそり、喪服に着替えて漢城を脱出し、忠清道堤川《チェチョン》の土窟に潜伏した。

そこで黄嗣永はおびただしい信者が弾圧されたことを聞き、さらに信者に対する迫害を見かねて自首した宣教師の周文模までが梟首《きょうしゅ》の刑に処されたことを知り、北京の主教にこの現実を訴える嘆願書を書いた。

嘆願書は六十二×三十八センチメートルの白い絹の布地に書き付けられた。全体で百二十二行、一万三千三百八十四文字である。ゴマ粒のような文字であるが、美しく整った楷書で書かれてあった。

黄嗣永はこの帛書を教友の黄沁《ファンシム》に託し、北京南天主堂に駐在するグヴェア司教に伝達するよう依頼した。しかし黄沁は漢城で捕らえられ、帛書も押収されてしまう。

この帛書でもっとも大きな問題となったのは、数百の船に五、六万の精兵を乗せ、多数の大砲に鋭い武器を搭載して(海船数百、精兵五六万、多載大砲等利害之兵器)、武力でもって天主教の布教を強要してほしい、と要請した点だった。天主教徒は外国の勢力を引き入れる危険分子とみなされたのである。

黄嗣永は捕らえられた。帛書が押収されている以上、弁明の余地はない。一八〇一年十一月、大逆不道の罪で処刑された。

西学の伝統の断絶

辛酉教難によって天主教徒は徹底的に弾圧された。とりわけ黄嗣永帛書事件によって、天主教徒は外国の勢力に朝鮮を売り渡す危険極まりない連中であると決めつけられ、それに対する弾圧が正当化される結果となった。

これ以後、西洋の天主教書であろうと、科学書であろうと、それを手にするだけで死に値する大罪となってしまったのである。

先にも述べたとおり、辛酉教難は天主教弾圧を名目にして、正祖が重用した実学者を排除するためのものだった、という性格が色濃い。これによって星湖学派に属する実学者は根こそぎ弾圧された。

漢訳西洋書の受容にはじまった西学の伝統はここに絶えてしまったのである。

西洋の学術を公然と研究できるようになるのは、一八八二年、アメリカとの間で修好通商条約が結ばれてからだった。実に八十年にわたって、西洋の学術に接するためには命をかけなければならない、という状況が続いたのである。

十九世紀前半、清、朝鮮、日本の東アジア三国はヨーロッパのインパクトを受け、激動の時代を迎える。

日本には蘭学の伝統があった。とりわけ将軍吉宗が漢訳蘭書の輸入禁止を緩和してから、蘭学は空前の隆盛を見せる。さらに開国後は洋学として発展していった。明治維新後の西洋科学技術の受容についてはあらためて言うまでもない。

清もまた紆余曲折はあったものの西洋の学問の研究は続けられていた。とりわけ第二次アヘン戦争の敗北後に展開された洋務運動は、その期間においても内実においても日本の明治維新を凌駕するものであった。

しかし朝鮮は無である。

この時代、八十年の空白は決定的だった。

西洋の科学技術受容において、朝鮮が日本、清に大きく水をあけられた原因のひとつが、この辛酉教難だったのである。

2　常軌を逸した収奪と社会不安――民乱の時代

老論による独裁

朱子学的な統治システムは、英明な君主による仁政を理想としている。英祖、正祖という、客観的に見て標準以上といえそうな「英明な君主」によって支えられていた英正時代は、正祖の死によってあっけなく終結する。

正祖のあとを継いだ純祖は、即位したときわずか十一歳であり、朝廷の実権は外戚である安東金氏《アンドンキン》に握られる。安東金氏の党派は老論である。ここに朝鮮の政治の宿痾とも呼ばれた党争は、老論の勝利として終わりを迎えた。国王は単なる飾りであり、国王の外戚による勢道政治がはじまる。独裁は腐敗を呼び込む。

朝廷では不正、贈収賄が蔓延《まんえん》した。地方官になるためには莫大な賄賂をおくらなければならない。そのため、地方官になった両班は、できるだけ早くモトを取るため、ありとあらゆる名目をつけて税を取り立てた。任期が切れるまでに、できるだけたくさん搾り取ろうとしたのである。ずっと搾り取り続けるためには、生かさず殺さず、という程度でとどめなければならない、という配慮すらそこにはなかった。とにかく自分の任期中さえ搾り取ることができればいいのである。

その結果、民は最低限の生活すら維持することが困難なところまで追い詰められた。朝鮮時代の収税体制を三政という。田政、軍政、還政の三政である。地方官はこの三種の税にさまざまな名目をつけ、民から搾り取っていった。ほとんどの場合、正規の税より付加徴収による収奪のほうが多くなっていたのである。民への収奪は極限にまで達したが、同時に国家財政は破綻に瀕していた。税収が国庫に入らず、安東金氏をはじめとする権勢家の懐に入っていったからである。

さらに権力を握った老論は、天主教を口実として、実学者を徹底的に弾圧した。この結果、実学者たちは再起不能ともいえる打撃をこうむった。

一八三四年、純祖が死去し、わずか八歳の憲宗《ホンジョン》が即位する。そして一八四九年、後嗣のないまま憲宗が死去すると、王族ではあるが親族の罪に連座して江華島《カンファド》に流され、その地できこりをしていた男が引っ張り出されて王となる。

哲宗《チョルチョン》である。

この時期、王族がいかにないがしろにされ、また王そのものも勢道家の操り人形に過ぎなかったか、を示すエピソードだ。

民乱の時代

英明な君主の存在を前提とする朱子学的な統治システムは、君主が英明でない場合、まともに機能しなくなる。勢道政治の時代がまさにそうであった。

たとえば飢饉に対する賑恤《しんじゅつ》にその差は露骨にあらわれる。正祖の時代、飢饉に遭った地方にはただちに数万石の穀物が送られていたが、勢道政治の時代になると中央政府からの賑恤はほとんどなくなり、地方の官庁に任されるようになる。中央の政府には、飢えた民を救おうという意欲も、その能力もなくなってしまったのだ。地方の官庁による賑恤には限界があることは言うまでもない。

社会不安は嵩じていく。それは民乱としてあらわれる。後世の歴史家は十九世紀を民乱の時代と呼んでいる。

一八一一年十二月、朝鮮半島の北部、平安道で朝鮮王朝を揺るがす大反乱が発生する。平西と呼ばれている平安道、咸鏡道は、十八世紀後半から鉱山開発が進み、また対清貿易の充実によって経済的にはかなり豊かになっていた。この時代、平壌《ピョンヤン》の柳商《ユサン》、平安道義州の湾商《マンサン》は、ソウルの京商《キョンサン》、開城の松商《ソンサン》と肩を並べ、全国の商圏を握っていたほどである。しかし朝鮮王朝は建国以来平西を差別し続け、民の不満は爆発寸前の状態だった。とりわけ勢道政治の時代、地方官による収奪は常軌を逸したものとなっていた。

乱の首謀者、洪景来《ホンギョンネ》は没落した両班の末裔で、一七九八年に科挙に応じるが落第し、それ以後全国を放浪し、風水によって家や墓の相を観る地官として生活していたと伝えられている。

一八〇〇年、博川《パクチョン》の青龍寺で禹君則《ウグンチク》に出会い、意気投合する。禹君則は庶子であり、やはり政治の現状に不満をもつ男だった。ふたりは兵を起こす計画を立て、平安道一帯の商人や、政府の平西差別政策によって官吏になる道が閉ざされている両班層などに同志をつのっていく。さらには各地の奇人、剣士、武人を集めたという。まるで武侠小説の世界である。そして鉱山を開発するという名目で流浪民を集めて軍事訓練をほどこし、豊富な資金をもとに武器を蓄えていった。

一八一一年は全国的に凶年であり、特に平安道、咸鏡道の被害が大きかった。しかし朝廷による賑恤は不十分で、多くの民が餓死し、怨声は地に満ちていた。

これを好機とみた洪景来は、同年十二月十八日に兵を挙げ、嘉山郡守を血祭りにあげる。

平西大元帥を称した洪景来は、禹君則を謀士としてしたがえ、平安道一帯を平定していった。定州《チョンジュ》、宣川、博川などの官庁を占領し、倉庫の米を飢えている民に賑恤するとともに、武器庫から武器を奪取して戦力を充実させていった。

ところが南下を期して安州に向かった蜂起軍は松林里《ソンニムリ》で官軍と激突し、大敗を喫してしまう。退却した蜂起軍は定州城にたてこもった。

官軍は八千の軍勢で定州城を取り囲み猛攻を加えたが、蜂起軍は粘り強く抵抗し続けた。官軍の狼藉がはなはだしく、地元民が蜂起軍を支援し続けたという事情もあった。

業を煮やした官軍は定州城の地下に穴を掘り、千八百斤の火薬を用いて城壁を爆破する。

四ヵ月に及ぶ籠城の末、蜂起軍は敗北した。

洪景来は定州城の戦いで戦死するが、民の間には、定州城で死んだ洪景来は偽者であり、本当は生きている、という伝説が広がっていった。各地の民乱で、洪景来が助けに来る、という話がささやかれたのである。

壬戌民乱

官吏による苛斂誅求《かれんちゅうきゅう》は、民に労働の意欲すら失わせるほどとなった。少し時代はくだるが、一八九〇年代に朝鮮を旅行したイギリスの女性、イザベラ・バードはその旅行記でこう述べている。

旅行者は朝鮮人が怠惰であるのに驚くが、わたしはロシア領満州にいる朝鮮人のエネルギーと勤勉さ、堅実さ、そして快適な家具や設備をそろえた彼らの住まいを見て以来、朝鮮人のなまけ癖を気質と見なすのは大いに疑問だと考えている。朝鮮じゅうのだれもが貧しさは自分の最良の防衛手段であり、自分とその家族の衣食をまかなう以上のものを持てば、貪欲で腐敗した官僚に奪われてしまうことを知っているのである。官僚による搾取が生活の必要物資を購《あがな》う分にまでも不当におよび、どうにも耐えられなくなってはじめて、朝鮮人は自力で不正をただす唯一の手段に訴えるのであり、これは清国の場合と似ている。その手段とは許さざるべき醜悪なその郡守を追い払ったり、場合によっては殺してしまうことで、最近評判になった事件では、郡守の側近をまきを積んだ上に乗せて焼き殺すというのがあった。庶民の暴動はへんに挑発されると遺憾な暴力行為に発展することがなきにしもあらずとはいえ、一般的には正義に基づいており、また抗議としては効果的である。

搾取の手段には強制労働、法定税額の水増し、訴訟の際の賄賂要求、強制貸し付けなどがある。小金を貯めていると告げ口されようものなら、官僚がそれを貸せと言ってくる。貸せばたいがい元金も利子も返済されず、貸すのを断れば罪をでっちあげられて投獄され、本人あるいは身内が要求金額を用意しないかぎり笞《むち》で打たれる。こういった要求が日常茶飯に行われるため、冬のかなり厳しい朝鮮北部の農民は収奪が終わって二、三千枚の穴あき銭が手元に残ると、地面に穴を掘ってそれを埋め、水をそそいで凍らせた上に土をかける。そうして官僚と盗賊から守るのである。

（イザベラ・バード『朝鮮紀行』講談社学術文庫）

洪景来の乱以後も、民乱は毎年のように発生した。とりわけ一八六二年二月、慶尚道の丹城《タンソン》、晋州《チンジュ》で勃発した民乱はたちまちのうちに全国に波及した。怒れる農民は、官衙《かんが》を襲い、守令を辱め、ときには横暴な官吏を殺したりもした。一八六二年は壬戌の年にあたり、この一連の民乱を壬戌民乱《じんじゅつみんらん》と呼んでいる。

狼狽した朝廷はあわてて三政釐整庁《さんせいりせいちょう》を設置して三政の紊乱を改善する姿勢を見せ、さらに、按覈使《あんかくし》(地方で事件が生じたときに派遣される臨時の官吏。事件を調査し、どう処置すべきかを建議し、さらには事件の収拾にもあたる)、宣撫使《せんぶし》(民心を慰撫するため王令をうけて派遣される官吏)を派遣して農民をなだめようとした。

民乱の多発の原因は第一に三政の紊乱にあったが、農業技術の改良や商工業の発展により社会が変化しようとしていたという事情もある。勢道政治のもと、社会の発展は民を豊かにしなかったのだ。両班の地主や富農が私有地を拡大していき、多くの農民が小作農や下男に転落していった。民乱の主体となったのは、これらの下層民であった。

3　外国船現れる——大院君の鎖国政策の中で

無頼の男

この頃、野心を胸底深くに隠して、ごろつきたちと放蕩無頼《ほうとうぶらい》の生活を送っていた男がいた。

名を李是応《イハウン》という。

南延君《ナミョングン》の四男として、一八二〇年にこの世に生を受けた。南延君はもともと朝鮮十六代王、仁祖《インジョ》の三男である麟坪《インピョン》大君の六代孫であったが、後嗣なく死去した恩信君《ウンシングン》の養子となった。恩信君は正祖の父であり、英祖の子である荘献世子の庶子だ。このあたり少々ややこしいが、つまり恩信君は英祖の孫であり、李是応は恩信君の孫ということになる。

権力を握っていたのは安東金氏であり、王族はその血筋ゆえ、安東金氏から危険視されていた。英明の質があると判断されれば、何か理由をつけて流罪にされるか、悪くすれば命まで奪われるおそれがあった。

李是応は故意に酒とばくちに明け暮れ、娼家に入り浸った。生活は苦しかった。絵をよくし、特に蘭画が得意だったので、それを売って糊口をしのぐこともあった。

安東金氏の目を盗みながら、李是応は宮中の女官や宦官《かんがん》を取り込み、王宮内の情報を集めた。さらに、哲宗に後嗣がなく、病が重いのを知ると、次王の決定権をもつ趙大妃に接近した。

朱子学を国是とする朝鮮王朝では、女は一人前の人間とは認められず、女の人権などあってなきがごときありさまではあるが、朱子学がもっとも重視する徳目のひとつが孝であるため、たとえ国王であったとしてもその母には絶対服従しなければならない。そのため、王宮内でもっとも力をもつものが、男尊女卑であるにもかかわらず、女である王の母だ、という奇妙な事態が発生する。このときも、朝廷の実権を握っていたのは安東金氏であったが、最終決定権は憲宗の母親である趙大妃が握っていた。

高宗の即位

一八六三年十二月、哲宗が死去する。三十三歳の若さだった。

李是応は趙大妃との密約により、安東金氏の裏をかいて次男の李載晃《イチェファン》を国王とすることに成功した。高宗《コジョン》である。

李是応は興宣《フンソン》大院君となった。

大院君とは本来、この場合のように、王に直系の後継者がいない場合、王族の中から次の王を選ぶことになるが、その王の父親に対する尊称である。したがって朝鮮王朝には複数の大院君がいたわけだが、歴史上、興宣大院君があまりにも有名になってしまったので、単に大院君といえば興宣大院君のことをさすようになった。以後、ここでも、李是応のことを大院君と呼ぶことにする。

高宗の治世のはじめは、形式的には趙大妃の垂簾《すいれん》政治が行われたが、実際に朝廷を動かしたのは大院君であった。続いて摂政となった大院君は、朝廷の人事に大鉈《おおなた》を振るう。

正祖の死後半世紀以上にわたって朝廷を私物化し、私腹を肥やしてきた勢道政治を解体し、身分や嫡出、庶出の区別なく能力ある人材を登用して、王権の確立をめざした。大院君がかかげたスローガンは、朱子学の理想である為民政治だった。

大院君が一番警戒したのは、純祖、憲宗、哲宗の時代のように、王妃の一族が外戚として権勢をふるい、王権をないがしろにすること、つまり勢道政治の復活だった。そのため、高宗の王妃の選択には慎重の上にも慎重な配慮を重ね、最後はみずから決定した。

大院君が選んだのは、十六歳の少女だった。少女は粛宗の継妃である仁顕王后の子孫だったが、いまは落魄《らくはく》しており、またすでに父親とは死別していた。親族の中にも有力な家門はなかった。この少女なら勢道政治の原因となることはないだろう、と考えての選択だった。少女は王妃となり、閔妃《ミンビ》と呼ばれるようになる。

実権を握った大院君がまず断行したのは、書院の整理だった。

書院というのは先賢を奉祀する場であり、地方の教育機関でもあったが、各党派の拠点となって学問よりも党争をこととするようになり、さらにはその権威をかさにきて良民から収奪するなど、その弊害はかねてより社会問題となり、英祖、正祖の時代にもその統廃合が施行されたが、それでも正祖の時代、なお全国に六百五十を超える書院が残った。

大院君は強権をもって書院の整理を行い、四十七の書院を残しそれ以外を廃校とし、書院所有の土地を国家の所有とした。書院による苛斂誅求に苦しめられてきた民は歓呼してこの措置に賛同した。

さらに法を整備し、勢道政治によって蔓延した不正腐敗の一掃に努力し、税制を改革して民生の安定と国庫の正常化を追求した。中でも士の特権を廃した戸布法は画期的な施策だった。

有名無実となっていた暗行御使《アメンオサ》を復活し、各地方官の不正摘発にも努めた。

暗行御使とは、国王が臨時に任命する直属の官吏で、地方官の不正を暴くために秘密裏に行動する。物語に節をつけて歌うパンソリの『春香伝』で暗行御使となった主人公が腐敗した地方官を糾弾する場面は、日本の『水戸黄門』で黄門が葵の印籠を出す場面を髣髴《ほうふつ》とさせる。丁若鏞も三十一歳のとき正祖の特命を受けて暗行御使となり、地方官の不正を徹底的に糾弾したことがある。しかし純祖、憲宗、哲宗の時代は、その暗行御使が地方官と結託して不正をはたらくというありさまだった。

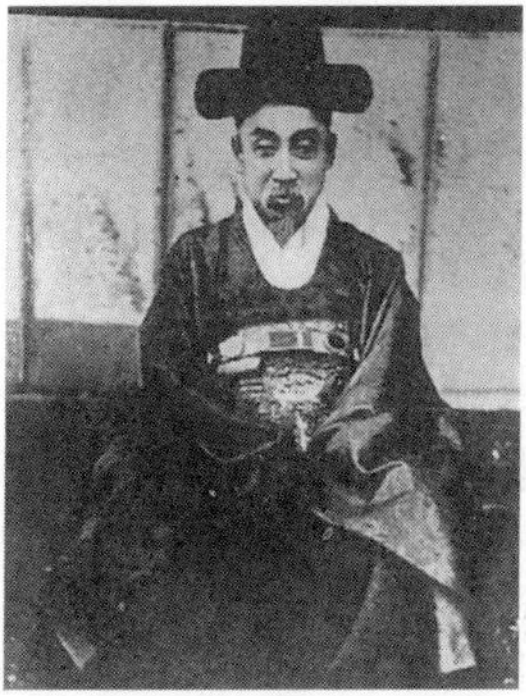
興宣大院君(1820～98)

大院君は信任する部下を暗行御使に任命し、地方官の不正を暴いていった。民の間に大院君を支持する声が高まったのは言うまでもない。

これらの施策により、民生もある程度安定していった。

しかしこれらの「善政」も、王権を強化するためと称して強行した、一八六五年の景福宮の再建によって台無しとなる。

景福宮は十四世紀に建設された朝鮮王朝の王宮だが、一五九二年、豊臣秀吉の朝鮮侵略の際に焼け落ち、以来二百七十三年間、再建することができないままになっており、王は他の宮殿で執務していた。

国家財政が破綻寸前であるこの時期、景福宮を再建するなど、誰もが不可能であると考えていた。しかし大院君は諫言《かんげん》を無視してこれを断行した。建設費用を捻出するため特別税を賦課し、さらには毎日数万人の農夫を徴発して工事に当たらせた。

それでも不足する建設費用をなんとか捻出するため「当百銭《タンベクチョン》」という悪貨を大量に鋳造したが、これによりインフレが急激に進行し、社会は大混乱におちいってしまった。

鎖国攘夷

大院君は、対外的には、徹底した鎖国攘夷政策を推し進めた。一八六六年一月、大院君は天主教弾圧令を発し、九人のフランス人宣教師をはじめ、国内の天主教徒八千余人を処刑した。

天主教徒への追及は厳しく、山に逃げてそのまま餓死した者も数えきれない、と伝えられている。犠牲者の中には、女性、子供も多くふくまれていた。

当時朝鮮には十二人のフランス人宣教師がいたが、生き残った三人のうちのひとり、リデルが脱出に成功し、天津にいたフランス極東艦隊司令官ローズに、朝鮮での天主教徒大弾圧事件を報告し、まだ朝鮮国内に残っているふたりの宣教師の救援を依頼した。

同年九月、ローズは三隻の軍艦を率い、リデルと三人の朝鮮人信徒を案内人として朝鮮に向かった。ローズはフランス人宣教師殺害の責任者の処刑と通商を要求したが、大院君は断固これを拒否する。

ローズは漢江を遡行し、漢城の近郊である楊花津《ヤンファジン》まで軍艦を進めたが、わずか三隻で漢城を攻撃するのは不可能だと判断し、いったん清に引き上げた。

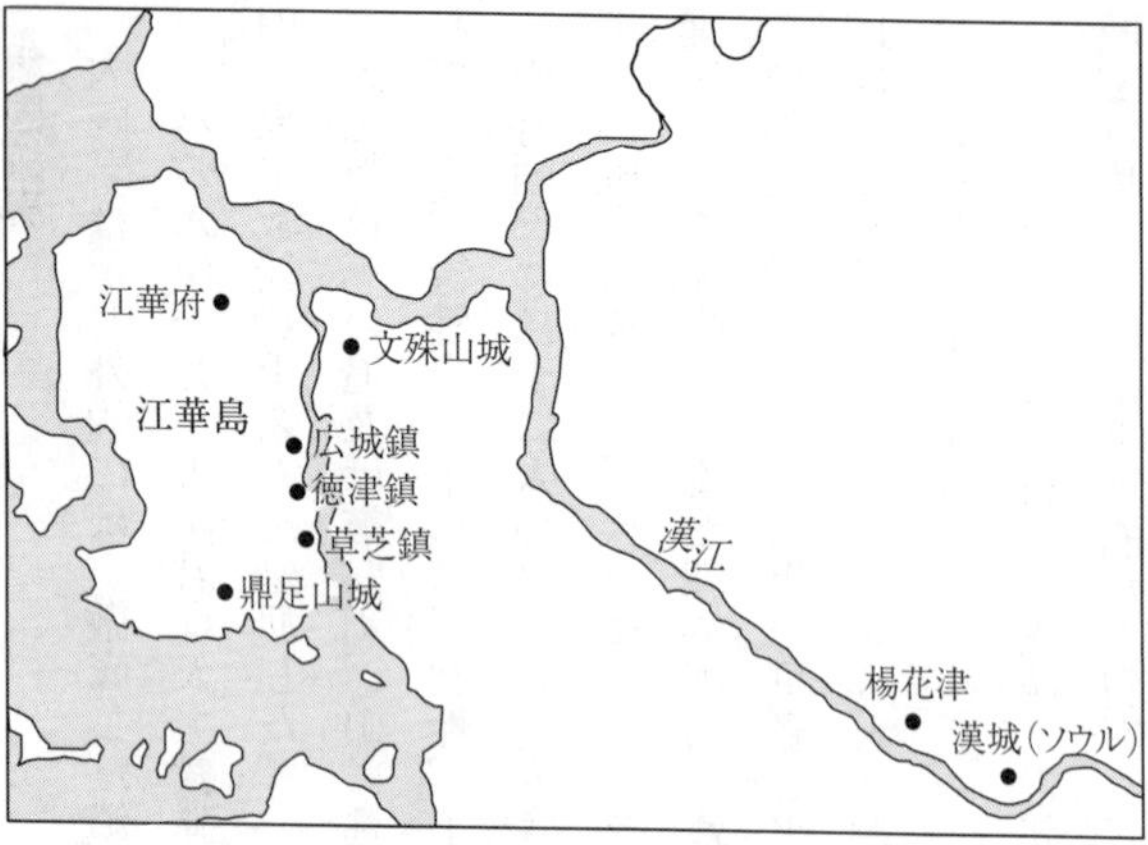

フランス艦隊，アメリカ艦隊襲来時の関連地図

そして十月、ローズはフリゲート艦ゲリエール号を含む七隻の軍艦に総勢一千二百三十人に及ぶ海兵隊を乗せて、再び朝鮮に向かった。

十月十六日、江華湾に侵入したフランス艦隊は、陸戦隊三個大隊を上陸させ、江華府を占領した。

これに対して大院君は厚く信任している李景《イギョン》夏《ハ》将軍らを派遣して厳戒態勢をとるとともに、フランス艦隊に即時退去を求めた。

しかしローズ提督は、大院君の天主教徒弾圧を非難しながら、全権大使の派遣を要求して譲らない。

十月二十六日、フランス艦隊は海兵隊を上陸させ、文殊《ムンス》山城の占領を試みる。しかし朝鮮軍の待ち伏せ攻撃に遭い、多くの死傷者を出して敗退した。

さらに十一月九日、フランス艦隊は海上から砲撃を加えながら海兵隊を上陸させ、鼎《チョン》足山城《ジョク》を攻撃する。

これに対し、梁憲洙《ヤンホンス》率いる五百の砲手隊が地形を利用してフランス海兵隊に反撃を加えた。砲手隊の武器は旧式だったが、全国から集められた銃の名人によって構成される部隊であり、士気は高かった。

この二度の敗戦によってフランス艦隊は戦意を失い、十一月十一日、江華府に火を放ち、金銀財宝、武器、書籍などを略奪してから、清に撤退した。

二〇一一年、フランス国立図書館に所蔵されていた外奎章閣図書が韓国に返還されたが、これらの文書はこのときに略奪されたものだった。

シャーマン号事件

さかのぼってこの年の七月、ジェネラル・シャーマン号というアメリカの武装商船が許可なく大同江を遡行し、平壌に出現する、という事件も起こった。

シャーマン号は、米国の商人プレストンと天津にあった英国のメドーズ商会が共同運航している商船で、一攫千金《いっかくせんきん》を夢みて「隠者の国」朝鮮にやってきた、いわば冒険商人の船だった。積荷は絹、ガラス器、望遠鏡、機械式時計などで、朝鮮側に対し、砂金、紅参（朝鮮人参の根を蒸したもの。漢方薬のひとつ）、虎皮などとの通商を要求した。

平安道観察使、朴珪寿《パクキュス》は毅然としてこれを拒否する。

通商を求めるのなら朝鮮の国法に従うべきであり、許可なく大同江を遡行するなど言語道断である、と判断したからだ。

しかしシャーマン号は即時退去を求める朝鮮側の要求を無視してさらに大同江を遡行し、平壌市内である万景台にまで進出し、それを阻止しようとした李玄益《イヒョニク》を捕らえ、監禁してしまう。さらには船上から小銃、大砲を撃ち、沿岸の住民を威嚇するにいたる。

朴珪寿はこれに対し断固応戦を命じ、夜陰に乗じて小船でシャーマン号に近づき李玄益を救出した。

そうこうしているうちにシャーマン号は大同江の中ほどにある羊角島《ヤンガク》で座礁し、動きが取れなくなる。半ば自暴自棄におちいった乗組員は上陸して略奪、暴行、強姦をほしいままにし、八人が殺され、多数の負傷者を出すにいたった。

ついに朴珪寿は全面攻撃を命じ、シャーマン号は焼き討ちにあい、乗組員は全員死亡する。

開化派

このシャーマン号事件の総指揮を執った朴珪寿は、実学者、朴趾源《パクチウォン》の孫で、朝鮮の開化派の源流といわれている人物だ。清を通じて西洋の文物に親しみ、朝鮮の現状を憂い、開国を含め朝鮮を根本的に改革しなければならないと考えていた。「田論」の著者、丁若鏞《チョンヤギョン》を生涯思慕してやまなかった、とも伝えられている。

開国論者ではあるが、礼には礼でこたえ、無道な行いには断固たる態度をとる、という朱子学の原則を曲げることはなかった。そのため、シャーマン号の侵入に対しては徹底抗戦したのである。

日本が開国を要求してきたとき、朝鮮の儒者の多くはその文書の中に「皇」とか「勅」というような朝鮮にとっては不遜としか言いようのない表現があったため、これを拒否すべきだと主張したが、朴珪寿は、枝葉末節にすぎぬ文言にこだわるなど愚の骨頂であり、すみやかに国交を正常化すべきであると主張した。しかし大院君政権のもとで、朴珪寿の主張が取り上げられることはなかった。

隠居したあと、その人柄を慕って多くの若者が朴珪寿の書斎に集まってきた。その中に、呉慶錫《オギョンソク》、李東仁《イドンイン》、劉鴻基《ユホンギ》の三人がいた。

呉慶錫は八代続いた通訳官の家に生まれ、幼い頃から秀才として近隣に知られ、十六歳のとき科挙の通訳官の試験に合格したが、初回で合格したにもかかわらず誰もがそれを当然だと思ったという。

二十三歳で通訳官としてはじめて北京を訪れるが、そのとき西洋の列強に侵略される清の姿を見て衝撃を受ける。以後十三回にわたり清を訪れるが、そのたびに西洋の思想、文物を記述した書籍を買い集め、朝鮮に持ち帰った。これらの書籍は「新書」と呼ばれ、朝鮮に西洋近代の息吹を伝える貴重な情報源となった。

一八七九年、四十九歳の若さで急死する。過労死であった。

僧である李東仁は釜山にあった東本願寺の別院に出入りし、日本語や維新後の日本についての情報を入手し、開化派に大きな影響を与えた。その後日本に密航し、日本政府要人とも接触し、秘密裏に日本から軍艦を購入する交渉をしたりもしている。開化派の影の立て役者として活躍していたが、一八八一年、漢城で突然消息を絶つ。暗殺されたものと思われる。

劉鴻基は腕のよい漢医として名の知られた男だった。呉慶錫とは同年で、呉慶錫がもたらした新書を耽読し、開化派の思想的中心人物と目されるようになる。

通訳官や漢医の身分は、両班と常民との中間に位置する中人であり、僧は常民のさらに下に位置する賤民であった。ともに朝廷の政治に直接関与することなどできなかったが、呉慶錫、李東仁、劉鴻基のもとには有力な両班の子弟が集まり、開化派としてひとつの政治勢力を形成するにいたる。のちに甲申政変を主導する金玉均《キムオッキュン》、朴泳孝《パクヨンヒョ》、洪英植《ホンヨンシク》、徐載弼《ソジェピル》、穏健的な開化派として特に日本との関係で苦渋に満ちた生涯を送ることになる金弘集《キムホンジプ》、金《キム》允植《ユンシク》、魚允中《オユンジュン》、兪吉濬《ユキルチュン》らである。

アメリカ艦隊の襲来

話を外国船の出現に戻そう。

フランス艦隊の襲来の二年後である一八六八年、ドイツの冒険商人オッペルトが牙山湾《アサン》からひそかに上陸し、大院君の父親である南延君の墓を盗掘するというとんでもない事件が起こる。

オッペルトは夜陰に乗じて墓を掘り起こしたが、分厚い生石灰層のためそれ以上掘り進むことができず、急を聞いて忠清道監司が軍兵を率いて駆けつけてきたとの報に驚き、逃亡した。

この事件に激怒した大院君は、外国からの通商要求に対して一層かたくなな態度をとるようになる。

さらに三年後の一八七一年、今度はアメリカの艦隊が江華島沖に出現する。大同江で行方不明になったシャーマン号について真相を解明して損害賠償を請求するとともに、武力で威嚇しながら通商条約の締結を実現する、というのが駐清公使ローと、アジア艦隊司令官ロジャースに与えられた任務だった。つまり一八五三年に浦賀沖に来航したペリーと同じく、伝統的な砲艦外交により朝鮮を開国せよ、と命じられてきたのである。

排水量三千四百二十五トンの「コロラド」を旗艦とし、五隻の蒸気船に八百人の海兵隊を乗せたロジャース艦隊が長崎を出航したのは五月十六日だった。五月十九日には朝鮮近海に到着、水路を探査しながら慎重に北上する。

六月一日、朝鮮軍を挑発するため、故意に二隻の軍艦を漢城への入り口である江華島の海峡に侵入させた。そして江華島の砲台が砲撃すると、一度は退却してから、あらためて朝鮮政府に対して砲撃への謝罪と補償を要求した。

しかし大院君は、無断で海峡に侵入したのは領土侵略行為であり、謝罪はおろか、協商に応じるつもりもない、とはねつけた。

江華島周辺の詳細な海図や潮流についての情報をフランス艦隊から得ていたロジャースは、潮流が遅くなり艦隊行動の自由が確保できる小潮になるまで待った。

そして六月十日、ロジャースは海兵隊を上陸させ、草芝鎮《チョジジン》を攻撃した。

これに対し鎮撫中軍の魚在淵《オジェヨン》は兵力の分散を避けるため、六百の部下を広城鎮《クワンソンジン》に集結させた。

アメリカ艦隊は無人となった草芝鎮、徳津鎮《トクチンジン》を占領し、広城鎮をめざして北上していく。

六月十一日朝、激しい艦砲射撃に続いて、米海兵隊が広城鎮に総攻撃を開始した。魚在淵率いる朝鮮軍は死力を尽くして抵抗したが、朝鮮軍の火縄銃と米軍のライフル銃では、射程距離も命中率も天地ほどの差があり、朝鮮軍は次々と倒れていった。

広城鎮の戦いで敗北したにもかかわらず、大院君は徹底抗戦の姿勢を崩さなかった。アメリカ艦隊の実力を見せれば、朝鮮政府は簡単に屈服すると考えていたロジャース提督にとって、このような執拗な抵抗は予想外の事態だった。

朝鮮と本格的に戦火を交えるほどの武器、弾薬を用意してあるわけではなく、何よりも兵力が不足していた。戦闘には勝利したものの結局何の成果も得られないまま、七月三日、アメリカ艦隊は清に撤退した。

漢城の民は、アメリカ艦隊撤退の報に歓呼の声をあげた。アメリカ艦隊が江華島沖に居座っていたため、全羅道からの水運が途絶え、穀類の高騰などの被害を受けていたので、その喜びはひとしおだった。

大院君はこれによって、攘夷への自信を一層深めた。日本はわずか四隻のアメリカ艦隊に屈したのに、朝鮮はそれよりも強力なフランス艦隊、アメリカ艦隊を撃退したと、自画自賛したのである。

4　清に翻弄される日本——朝鮮の内政に干渉

琉球処分

一八六八年、明治新政府は、対馬藩を通じて朝鮮に、日本が王政復古したことを知らせる国書、書契を送付する。しかしその文書の中に「皇」「勅」などの文字が含まれていたため、朝鮮は国書の受理を拒否する。

清に対しては事大、日本とは交隣を原則としてきた朝鮮にとって、この文書はとうてい受け入れがたいものだった。皇というのは清の皇帝だけであり、朝鮮は王を名乗っていた。日本が皇という呼称をみずからに使う場合、朝鮮は格下となってしまうからである。

もっとも日本にしてみれば、諸外国との間で天皇という呼称を使って条約を結んできた関係もあるので、朝鮮に対してもその慣例に従ったまで、ということになる。ただし日本に朝鮮を格下とみなそう、という意図がなかったわけではない。

この書契問題が解決を見ないまま、一八七一年、岩倉使節団が欧米へ出発する。留守政府を預かる板垣退助は朝鮮への派兵を主張する。これにたいし西郷隆盛は、自分が大使として朝鮮へ行こう、と提案した。

一八七三年八月、留守政府は西郷隆盛の派遣を決定する。ところが九月に帰国した岩倉使節団の岩倉具視、大久保利通、木戸孝允らが時期尚早という理由でこれに反対する。

征韓論争である。

十月、征韓派の西郷隆盛、板垣退助らが下野し、この権力闘争は、内治派の木戸孝允、大久保利通らが勝利する。内治派といっても、木戸孝允、大久保利通らが征韓そのものに反対していたわけではない。この政変の内実は、二派の権力闘争であった。

そもそも征韓の思想は、明治になって突然生まれたわけではなく、幕末の混乱の中、国体の思想と一体となって生まれでたものだ。たとえば吉田松陰は「取り易き朝鮮、満州、支那を切り随《したが》え」るべきだと露骨な膨張主義を主張している。そして吉田松陰の薫陶を受けた木戸孝允、伊藤博文らが征韓を実行していくわけである。

一八七一年十月、宮古島から首里に向かっていた琉球御用船が難破し台湾に流れ着いたが、生存者が台湾の先住民に殺されるという事件が発生する。これを理由として一八七四年、明治政府は台湾に出兵する。この時点では琉球の帰属はまだあいまいなものであり、出兵には大義名分がないのだが、日本政府としては廃藩置県によって職を失った士族の不満をそらす狙いがあった。

こんな理由で攻撃される台湾の先住民こそいい迷惑である。日本軍はマラリアなどの風土病に苦しみ、多数の死者を出しながら、台湾南部を占領した。

また一八七二年、日本政府は琉球王国を廃して琉球藩とし、清との冊封関係を解除して、明治の年号使用を強制し、さらに尚泰王に東京に来るよう命じる。

琉球王国は十七世紀の薩摩軍の侵攻以来、薩摩の支配を受けていたが、同時に清との朝貢関係も継続していた。両属という変則的なかたちではあったが、かたちの上では独立を維持していたのである。

明治政府のこの命令が琉球王国の滅亡を意味することを覚った琉球政府は必死に抵抗する。しかし一八七九年三月、処分官の松田道之が六百人の警察・兵を率いてやってきて、軍事的威圧のもとに首里城の明け渡しを要求する。

ここに琉球王国は名実ともに滅び、沖縄県が設置されるのである。その後多くの琉球の民が、貧しさゆえに日本に渡ってきた。そしてそこで残酷な民族差別に苦しめられることになるのである。

琉球王国を軍事的に威圧して沖縄県を設置したことは、琉球の民にとっても大きな衝撃であったが、琉球王国の宗主国であった清にとっても見過ごすことのできない大事件だった。琉球王国の士族の一部が琉球処分の不当性を清に訴えたという事情もあり、清はただちに日本政府に抗議をする。

この問題は日本と清との外交上の懸案として、日清戦争のときまで続くことになるのである。

大院君の失脚

アメリカ艦隊を撃退した二年後の一八七三年、ついに閔妃が歴史の表舞台に登場する。満十六歳で高宗の王妃となった閔妃は満二十二歳になっていた。

閔妃に謁見した数少ない西洋人の女性たちは、透きとおるような白い肌と美貌、そして何よりも機知に富んだ会話と幅広い教養について賞賛を惜しまなかった。聡明な人物であったことは確かで、一世の風雲児、大院君と政治的に互角以上にわたりあったことでもそれは明らかだ。しかし閔妃はそのあふれんばかりの才能を、ただ閔一族の栄《え》耀栄華《ようえいが》のためだけに浪費してしまうのである。

閔妃はまず、大院君によって追放されたかつての勢道政治の有力両班を抱き込み、続いて大院君が閉鎖に追い込んだ書院の儒生たちを味方に引き入れることに成功した。さらには大院君の攘夷政策に反対していた開化派の一部をも自陣営に組み込んだのである。

入念に地ならしをした上で、保守派儒生の巨頭、崔益鉉《チェイクヒョン》に大院君弾劾の上疏《じょうそ》を提出させ、大院君に対する総攻撃を開始する。

大院君は、年端もいかぬ小娘とばかにしていた閔妃が自分に牙を剝くなど想像もしていなかった。そして気づいたときはすでに周りを完全に固められ、かの大院君にしてもまったく手のほどこしようのない情勢に追い込まれていたのである。

ここに大院君は失脚し、高宗の親政がはじまる。親政といっても、柔和な性格で優柔不断な高宗は閔妃の言いなりであった。閔妃は権力を握ると同時に、閔一族を政府の要職につけ、その基盤を確固たるものにした。

大院君の失脚により、その改革はすべて無に帰した。かつての勢道政治で権勢をふるった連中が復活し、売位売官が再び公然と行われるようになり、科挙の結果は賄賂によって左右され、地方官吏はさまざまな名目を捏造して新しい税を創設し、民は酷政に苦しむことになる。さらに民から搾り取った税は貪官汚吏《たんかんおり》の懐に入り、国家財政は破綻寸前の状態になる。閔妃とその一族の専横を目にした民は、大院君時代を懐かしむようになった。

日朝修好条規

大院君の失脚にすばやく反応したのは日本政府だった。一八七五年、これを好機と見た日本政府は軍艦「雲揚号」を派遣して挑発し、江華島の砲台からの砲撃を口実に陸戦隊を上陸させ、殺戮、略奪をほしいままにした。

そして一八七六年二月、武力に屈するかたちで朝鮮政府は日朝修好条規を締結する。

五年前に来襲したアメリカ艦隊の旗艦「コロラド」の排水量は三千四百二十五トン、五隻の総トン数は八千トンを超える。これに対し雲揚号は排水量わずか二百四十五トンの小型砲艦である。その軍事力は比較にもならない。

しかし大院君政府は粘り強い抵抗によってアメリカ艦隊を撃退し、閔妃が権力を握った朝鮮政府は雲揚号の武力に屈する結果となった。

日朝修好条規は、開港場での日本人の犯罪は日本の法律をもって裁くという治外法権を盛り込んだ不平等条約だった。さらに関税、港税についての規定を欠き、日本の商品が自由に朝鮮に流入する結果をもたらし、同時に米などの朝鮮の食料が日本に流出するのを防ぐこともできないようになっていた。

ただし、日本と修好条規を結んでも、朝鮮政府には開国したという意識はなかった。あくまでも江戸幕府との「旧信」を回復したに過ぎず、「洋夷」に対する鎖国政策は変わっていない、という認識だった。

二回目の修信使として日本に赴いた金弘集《キムホンジプ》が駐日清国公使の何如璋《かじょしょう》と意見を交換し、その参賛官である黄遵憲《こうじゅんけん》が記した『朝鮮策略』を国王に奉呈したことが物議をかもす。黄遵憲はロシアに対抗するため、「親中国、結日本、聯美」を勧告していたからである。なお中国ではアメリカの音訳を美利堅としており、ここの「聯美」とはアメリカと連合するという意味だ。

黄遵憲はアメリカについて、もともとイギリスに属していたが、百年ほど前にワシントンという傑物があらわれて独立し、それ以来アメリカはワシントンの遺訓を守り、礼儀をもって立国し、他の土地を貪らず、中国とも立約して十年になるが何の問題も発生していない、と記していた。

さらに日本が琉球王国を併合して以来、日本に対する警戒心を強めていた北洋大臣の李《り》鴻章《こうしょう》は、毒をもって毒を制するの策として、アメリカなどの洋夷と条約を結ぶことによって日本を牽制すべし、と朝鮮政府に勧告したのである。

一八八二年五月、朝鮮政府は李鴻章の特使、馬建忠《ばけんちゅう》の立ち会いのもとに、アメリカと修好通商条約を結ぶ。

内容は日本との修好条規と同じく治外法権を含む不平等条約だった。ただし通商条項には、アメリカの商品に対する関税率を日用品は一〇%、ぜいたく品は三〇%と定めており、これによって日本もしかたなく貿易章程の中の無関税条項を撤廃せざるをえなくなった。

さらに注目すべき点は、日本を警戒していた李鴻章と朝鮮政府が、条約の第一条に「第三国が締約国の一方を抑圧的に扱うとき、締約国の他方は、事態の通知をうけて、円満な解決のため周旋を行なう」という周旋条項を入れた点である。

朝鮮政府は日本、アメリカに続き、イギリス、ドイツ、イタリアなどとも通商条約を結んでいくが、すべて不平等条約であった。

開国と同時に外国の商人が大挙して朝鮮にやってくるが、その中でも圧倒的多数を占めていたのは日本人の商人だった。

西郷隆盛と文明論

江華島事件の直後、西郷隆盛が篠原国幹に手紙を出した。篠原国幹は二年前の征韓論争で西郷が下野したとき、近衛長官の職をなげうってともに下野している。のちに西南戦争で戦死した。当時西郷は鹿児島で悠々自適の生活を送っていた。

その手紙は、時候の挨拶もなく、こんなふうにはじまる。

朝鮮の儀は数百年来交際の国にて、御一新已来其の間に葛藤を生じ、既五六ヶ年談判に及び、今日其の結局に立至り候処、全く交際無之人事尽し難き国と同様の戦端を開き候義、誠に遺憾千万に御座候。（松浦玲『明治の海舟とアジア』岩波書店、以下同）

朝鮮とは数百年交際を続けてきた。明治維新以来葛藤が生じ五、六年になるが、それに対して、これまでまったく交流がなく話し合いができないような国に対するのと同じように戦端を開いたことは、まことに遺憾千万だ、と怒りもあらわな文面である。

西郷は続ける。

まず測量をしたいという旨を相手に断り、相手が承知した上で測量したのに発砲したというのならば、それはわが国に対する敵対行為とみなすこともできよう。しかし測量したい旨を相手に伝えていないのならば、相手が一方的に発砲してきたとしても、まずは談判をして、どうして発砲したのかをただすべきである。それなのに朝鮮を蔑視し、向こうが撃ってきたからこちらも撃ち返したというのでは、これまでの友誼から考えても、「天理に於いて可恥《はずべき》の所為に御座候」、と言辞は激烈だ。

なんでこんなふうに戦端を開いてしまったのか、おおいに疑問だ、と西郷は嘆息する。

日本と朝鮮の交渉は進み、それぞれの主張はほとんど明らかになっている。そうであれば、ここは大臣を派遣し、道理を尽くすべきである。その上で戦になるのなら、それは理に戦うことになる。

しかしこれは、征韓論争のときに西郷が主張していたとおりのことだ。

政府のえらいさんがたは、いまさら西郷が正しかった、と頭を下げるのが嫌で、どうしようもなくなって、このような「姦計」を用いたのか、あるいは交渉のために朝鮮に行くのが怖かったのか、と揶揄した上で、「何分にも道を尽さず、只弱を慢《あなど》り強を恐れ候心底より起り候ものと察せられ申候」と手厳しい。

後年この手紙を証拠として、勝海舟は西郷が征韓論者ではない、と言い続けることになる。この件について、勝海舟を研究し続けてきた松浦玲はこう述べている。

> むしろ問題は、果たして海舟の言うように、この手紙でもって西郷隆盛が征韓論の張本人だという疑いを晴らすことができるかどうかであろう。私は実は、この手紙だけで疑惑を払拭するのは無理だと思っている。西郷は、周囲が彼のことを征韓論者だ

と思い込む材料を、提供しすぎた。

西郷が征韓論者であったかどうかはひとまずおくとしても、少なくとも当時の日本政府要人たちのように、露骨に朝鮮を攻め取るべきだと考えていたわけではないのは確かなようだ。

「南洲翁遺訓」に、文明についてのおもしろいやりとりがある。「南洲翁遺訓」は、先に紹介した篠原国幹宛の手紙が書かれたのと同じ頃、かつて敵であった庄内藩士が西郷から話を聞き、まとめたものだ。

文明とは道が普遍的に行われることを讃称していう言葉であり、宮廷の荘厳さや、衣服の美麗、外観の浮華のことではないはずなのに、一般の人がいう文明とか、野蛮とかはわけが分からない、という前置きのあと、ある人との議論が紹介される。

まず西郷が「西洋は野蛮だ」と言う。するとその人は「いや、西洋は文明だ」と言い張る。さらに西郷が「いや、西洋は野蛮なのだ」と言い募ると、その人が「どうしてそれほど自説に固執するのか」と尋ねたので、西郷がこたえる。

実に文明ならば、未開の国に対しなば、慈愛を本とし、懇々説諭《こんこんせつゆ》して開明に導く可《べ》きに、左《さ》は無くして未開曚昧《もうまい》の国に対する程むごく残忍の事を致し己れを利するは野蛮ぢゃ……。

（「南洲翁遺訓」）

するとその人は口をつぼめて、何も言えなかったという。

西郷の文明論には、儒教の仁義や王道という考え方を感じることができる。当時の日本の知識人はみな朱子学に通じていた。であれば、西郷隆盛のような文明論が普通だったか、というとそうではない。むしろ現代文明は弱肉強食の時代であり、日本もそれに伍していくべきだ、という考えをもった人間がオピニオンリーダーとなっていた。その代表が福沢諭吉である。福沢はこう述べている。

世界各国の相対峙するは禽獣《きんじゅう》相食《は》まんとするの勢にして、食むものは文明の国人にして食まるるものは不文の国とあれば、我日本国は其食む者の列に加わりて文明国人と共に良餌《りょうじ》を求めんか、数千年来遂に振わざる亜細亜の古国と伍を成し共に古風を守て文明国人に食まれんか、猟者と為りて兎鹿を狩るか、兎鹿と為りて猟者に狩らるるか、二者其一に決せざる可《べか》らず。

(『外交論』「時事新報」一八八三年十月一日)

日本は王道を否定し、福沢の文明論のもと、破滅への急坂を転げ落ちていくのである。

壬午軍乱——都市貧民の叛乱

一八八一年五月、朝鮮政府は五軍営を武衛営《ぶえいえい》、壮禦営《そうぎょえい》の二営に再建し、さらに身体強健なもの八十人を選抜し、日本公使館所属の堀本礼造工兵少尉を教官として、新式軍隊である別技《べつぎ》軍《ぐん》を編成した。別技軍は制服、装備、給与も特別に優遇されていたので、武衛営、壮禦営に所属することとなった旧軍営所属の兵士たちはこれを嫉妬と羨望の目で見ながら倭別技《ウエピョルギ》と呼んでいた。

大院君の時代には、軍営の兵士に対する軍料(米)がとどこおるということはなかったが、高宗親政以後しばしば遅配が発生し、別技軍新設以後は遅配が十三ヵ月に及ぶ事態となり、旧軍営の兵士の不満は爆発寸前となっていた。

一八八二年七月、全羅道から米が到着したので、まず武衛営所属の兵士の軍料を支給することになった。ところが支給された米は、籾殻や砂で水増しされたものであり、分量も規定の半分であった。

激昂した兵士たちは暴動を起こし、軍料配布の担当者を袋叩きにした。

武衛営所属の兵士の暴動の報に接した閔謙鎬《ミンギョムホ》は首謀者の逮捕を命じる。閔謙鎬は当時兵曹判書(国防部長官)であり、別技軍の責任者であり、税として納められた米を管理する宣恵庁の責任者でもあった。軍料を所管するのも宣恵庁であり、武衛営所属の兵士に軍料を配布し袋叩きにあった官吏も閔謙鎬の部下であった。言うまでもなく閔氏一族の中心人物のひとりであり、武衛営、壮禦営の兵士の軍料を横流ししていた張本人でもあった。

閔謙鎬の命により、暴動の首謀者四、五名が逮捕され、捕盗庁に連行された。すぐに、逮捕された兵士が過酷な拷問を受けている、あるいは翌日処刑される、という噂が流れ、兵士らは仲間を助けるため閔謙鎬の屋敷に集結するが、そこで軍料を配布した官吏を発見した兵士らはその官吏を捕まえるために屋敷に侵入してしまう。閔謙鎬とその官吏は裏口からすばやく逃げ出したので、兵士たちに捕まることはなかったが、屋敷は徹底的に破壊された。

ことここにいたっては無事にはすまないと考えた兵士たちは、引退した大院君の居所に赴き、閔謙鎬の不正を訴えた。機を見るに敏な大院君がこの好機を見逃すはずはない。大院君は兵士らを扇動し、事態をさらに拡大させた。

反乱軍と化した兵士たちは武器庫を破壊して武装し、捕盗庁へ押し入り逮捕された仲間を救出し、さらには日本公使館を包囲して別技軍の教官である堀本少尉を殺害した。公使の花房義質《よしもと》は公使館の放棄を決意し、命からがら漢城を脱出、済物浦《チェムルポ》から小船で海上に逃れた。

翌日、反乱軍は景福宮に乱入し、閔氏一族の中心である閔妃を探し回った。その過程で閔謙鎬を発見し、これを殺害する。

いち早く事態を察知した閔妃は女官の服に着替え、王宮を脱出した。このとき閔妃を背負い、自分の姉だと偽って検問を突破したのが洪啓勲《ホンゲフン》であった。一介の兵士に過ぎなかった洪啓勲はこの功によりその後、領官に出世する。

閔妃は洪啓勲を信頼し、洪啓勲もまた死ぬまで閔妃への忠誠を貫いた。一介の兵士から壮衛営の指揮官にまで出世したが、それにおごることはなく、人格は廉潔であったと伝えられている。

大混乱におちいった事態を収拾するため、高宗は大院君に助けを求める。これを受けて大院君は王宮に向かった。ここまでは大院君の思惑どおりであった。

再び執政となった大院君は、閔氏一族を王宮から追放し、政府を一新し、蜂起した兵士と都市貧民に解散を命じた。しかし兵士と都市貧民は、諸悪の根源は閔妃にあると考えており、閔妃を処刑するまでは解散に応じるわけにはいかない、と主張して王宮内にとどまり、閔妃の捜索を続けた。

ここで大院君は王宮内の秩序を回復するため、思いきった策を打ち出す。閔妃は軍乱の中で死亡したと発表し、国葬を執り行うのである。

閔妃の死体が発見されないまま国葬が強行されるが、これに対して「国民をあざむき愚弄する行為である」という上疏が山のように積み上げられた。しかし大院君はそのような上疏など意に介することなく、国葬の行事をすべて終えてしまう。

軍乱発生から十日ほど過ぎた深夜、一通の密書が国王、高宗のもとに届けられる。閔妃からの書簡だった。閔妃はその書簡の中で、高宗に自分の無事を知らせ、同時に起死回生の秘策を授ける。

高宗はその秘策に従い、密使を清に送り、ちょうどそのとき天津に滞在していた金允植《キムユンシク》、魚允中《オユンジュン》と連絡を取り、清国政府に働きかけるよう指示した。

要請を受けた清は大軍を派遣し、あろうことか大院君を天津に連行、軟禁してしまうのである。

これは清と朝鮮の関係にとって実に重大な事件だった。朝鮮王朝は明・清に対して、以小事大——小を以って大に事《つか》える——の政策をとってきた。大国である明・清に対し、小国としての礼をもって接するという政策だ。明・清もまた、朝鮮が小国としての礼を取る限り、朝鮮の内政に干渉したりはしなかった。明・清を中心とする冊封体制という国際秩序が築かれ、平和が維持されてきたのである。

しかし清軍による大院君の拉致により、事態は一変する。清が露骨に朝鮮の内政に干渉するようになるのである。

これ以後、朝鮮駐箚《ちゅうさつ》軍司令官である袁世凱《えんせいがい》が、ある意味朝鮮国王以上の力をもつことになるのだ。

日本は公使館員らの殺害に対する朝鮮側の謝罪を求め、済物浦条約を結び、五十万円の賠償金の支払いと、公使館警護のため日本守備隊の駐留を認めさせた。

旧朝鮮軍兵士の反乱に都市貧民が加わった一八八二年のこの事件は、壬午軍乱《じんごぐんらん》と呼ばれている。壬午軍乱により、朝鮮における日本と清の力関係は、清が圧倒するようになった。

甲申政変

清軍の力をかりて再び権力を握った閔妃は、民の窮迫にもかかわらず、栄耀栄華を極めることになる。

このままでは朝鮮の未来はない、と考えた開化派の若い両班たちは、日本の明治維新を手本として朝鮮の近代化を推し進めようとし、そのために日本の力をかりようとした。壬午軍乱によって朝鮮での影響力を失っていた日本もまた、開化派を援助することによって、朝鮮での勢力拡大を図ろうとした。

　ちょうどこのとき、清仏戦争が勃発し、朝鮮駐箚軍が半分に減らされる、という事件が起こる。開化派はこれを好機と見て、クーデターを決行する。

　しかし半分に減ったといっても、清の朝鮮駐箚軍の兵力は千五百であり、日本の公使館守備隊はわずか百五十に過ぎなかった。日本公使、竹添進一郎は「日本軍の精鋭をもってすれば清国軍を撃退するのは簡単だ」と大言壮語したというが、そんな言葉を信じて大事を決行した金玉均《キムオッキュン》らの現状認識はきわめて甘かったと言えよう。

　ともかく、竹添の確約を信じて、一八八四年十二月四日、金玉均らはクーデターを決行、閔台鎬《ミンテホ》ら守旧派を処断し、政権を握った。甲申政変である。

金玉均(1851〜94)

　しかし袁世凱が指揮する清の軍勢が攻め込んでくると、金玉均らが後ろ盾にたのんでいた日本軍はあえなく敗退する。
　洪英植《ホンヨンシク》は死を覚悟して国王のそばに残ったが、金玉均、朴泳孝《パクヨンヒョ》、徐載弼《ソジェピル》らは命からがら日本に亡命する。
洪英植は清軍に殺害され、洪英植の父、洪淳穆《ホンスンモク》をはじめとする家族二十余人は毒を飲んで自殺した。

日本亡命後の開化派

日本政府は利用価値のなくなった金玉均らを冷遇した。

金玉均は小笠原、北海道などに軟禁され、東京に戻ることができたのは一八九〇年になってからだった。そして一八九四年三月二十八日、上海に誘い出され、閔妃がはなった刺客に暗殺される。

その死体は漢城に運ばれ、楊花津で陵遅処斬《りょうちしょざん》(罪囚の四肢をばらばらに切断する、もっとも重い処刑法)されたのち、梟首《きょうしゅ》された。その首には「謀反大逆不道罪人玉均当日楊花津頭陵遅処斬」と書かれた布がかけられていたという。

囲碁を通じて知り合った本因坊秀栄との交流は深く、秀栄は小笠原や北海道を訪れ、失意の金玉均を慰めた、というエピソードも残っている。

甲申政変のおりは前後両営使兼漢城判尹《はんいん》として軍事・警察権を掌握した朴泳孝もまた日本で不遇をかこっていたが、後述する甲午改革のおり帰国し、日本の力を背景として朝鮮の近代化を図ろうとする。しかし三国干渉後、朝鮮での日本の力が衰えていくと、甲申政変のおりの閔氏一族を殺害した首謀者と目され、閔妃ににらまれている関係で身の危険を感じ、再び日本に戻ってくる。韓国併合後、日本政府から侯爵に叙せられ、その後、日本統治下の朝鮮で要職を歴任し、一九三九年に病死する。

慶應義塾に留学し、卒業後陸軍戸山学校で学んだ経験のある徐載弼は、日本亡命後、手のひらを返したような日本政府の冷遇に憤り、米国へ亡命する。

朝鮮に残った妻と親、兄弟は三親等まで処刑されてしまった。

徐載弼はのちに、まず第一に、民衆の支持を得られなかった点、そして第二に日本という外国の勢力を信じそれに頼ってしまったこと、このふたつが甲申政変失敗の原因であったと記している。

政変ののち

甲申政変後、再び閔氏一族が権力を握り、異様な収奪装置と化した政府のもとで民は呻吟することになる。

日本と清は甲申政変の収束を受けて、天津条約を締結する。日本側全権は伊藤博文で、清の全権は李鴻章だった。この条約によって、日本と清は朝鮮から完全に撤兵し、将来朝鮮に出兵する場合は「行文知照」、つまり文書をもって相互にそのことを通知する、と定められた。

朝鮮における外国勢力は、清のひとり勝ちの様相を呈していた。清は伝統的な冊封体制の枠を乗り越え、露骨に朝鮮の内政に干渉するようになっていた。

日本は清にいいように翻弄され続けていたのである。

第三章　日清戦争は日朝戦争として始まった
――戦場は朝鮮だった

押送される甲午農民戦争のリーダー・全琫準　足に重傷を追い，輿に乗せられている

1　徹底した平等主義の農民軍——東学の創建

東学

時代は少しさかのぼる。

崔済愚《チェジェウ》は一八二四年、慶尚道で没落した両班の子として生まれた。十歳で父親と死別し、十七歳で母親とも死に別れた崔済愚は、さまざまな職業に身をやつしながら全国を放浪したと伝えられている。二十年間、津々浦々を歩き回った崔済愚は、いたるところで虐げられた民の姿を目撃する。どこへ行っても、民は飢えと疾病に苦しみ、重税にあえいでいた。

そして一八六〇年四月五日、崔済愚は不思議な体験をする。

天を見た、と感じたのである。

崔済愚はその体験にもとづき、新しい宗教を伝道していく。

東学である。

当時、崔済愚の耳にも、第二次アヘン戦争で清がイギリス、フランスの連合軍に蹂躙《じゅうりん》されているという噂が届いていた。また朝鮮に入ってきた天主教がさまざまな物議をかもしていることも目にしていた。

東学という呼称は、西学に対抗するものという意味である。崔済愚は、儒教、仏教、道教を統合したものである、と説明した。当時朝鮮南部ではコレラが猛威をふるっていた。崔済愚はまず、仙薬と呪文によって人々を救済していく。その治療によって東学はたちまち民衆の間に広まっていった。

しかしもちろん東学が爆発的に広まったのは仙薬と呪文のためだけではない。その教えの中核には「天心乃人心」(天の心はすなわち人の心である)という平等思想があった。そして「後天開闢《こうてんかいびゃく》」によって地上に天国が現出するという教えが、苛政に疲弊しきった民衆に受け入れられていく。さらに外国の脅威が現実のものとなる中、「輔国安民《ほこくあんみん》」の標榜が民衆の心をつかんでいくのである。

しかし布教をはじめてわずか三年、一八六三年十二月に逮捕され、翌年四月、斬刑に処される。

道統を継いだ崔時亨《チェシヒョン》は、没落両班であった崔済愚とは違い、貧農の生まれだった。文字を知らなかった崔時亨は暗誦によって『東経大全』『竜譚遺詞』という経典を刊行して教勢を拡大し、「天心乃人心」の教理を「事人如天」(天につかえるように人につかえよ)と高めていく。

崔時亨には次のようなエピソードが伝えられている。

夏のある日、東学教徒である徐老人の家で、崔時亨は夕食をごちそうになった。箸を取ろうとすると、奥の部屋から機を織る音が聞こえてきた。崔時亨は徐老人に尋ねた。

「あれは何の音ですか」

「嫁が機を織っているのです」

崔時亨が徐老人をたしなめた。

「嫁ではありません。そのお方もまた、まさしく天なのです。こちらにおいでいただき、わたしたちと一緒にあたたかい食事をとるようにしてください」

そう言うと、崔時亨は目を閉じ、経文を唱えはじめた。結局、徐老人が嫁を連れてきて一緒に座らせるまで、崔時亨は箸を取ろうとしなかったという。

翌朝、旅立つ崔時亨を見送りに、徐老人の一家が村の外れまで出てきた。末の子が泣きながらついてくるので、徐老人が目をいからせ、その子を追い返そうとした。崔時亨は徐老人をさえぎると、その子の頭を撫でながら、その前にひざまずいた。そして徐老人にこう言ったという。

「この幼い方も天であられます。粗末になすってはなりませぬ」

当時、人として遇されることのなかった嫁や子供をも、ひとりの人間として対しようとしたのである。この平等思想が人々に受け入れられ、政府の弾圧にもかかわらず東学は全国に広まっていく。

崔時亨(1827〜98)

一八八四年の甲申政変によって政府が動揺し、東学への弾圧がやわらぐと、崔時亨は東学の組織を整備すると同時に、政府に対して第一代教主の崔済愚の伸冤《しんえん》を訴え、同時に貪官汚吏の粛清と布教の自由を求めるようになる。
しかし崔時亨は一貫して非暴力による運動を主張し、暴力の行使には反対していた。

古阜の蜂起

朝鮮半島南部の全羅道は豊かな穀倉地帯であったが、一八九二年以来凶作が続き、飢餓は深刻な様相を呈していた。ところが九二年五月に古阜《コブ》郡守に赴任した趙秉甲《チョビョンガプ》は、ありとあらゆる手段を使って農民から税を搾り取り、怨声は地に満ちた。官吏の苛斂誅求はどこにでも見られたことではあるが、趙秉甲の虐政は常軌を逸したものだった。

趙秉甲の虐政に対し、農民が古阜郡衙《ぐんが》に押しかけ、抗議の声をあげた。これに対し趙秉甲は、状頭の全彰赫《チョンチャンヒョク》ら三人を逮捕し、拷問を加え、殺してしまう。状頭とは、訴状の筆頭に署名した者のことで、その運動の首謀者である。

農民たちはその後も、全彰赫の息子である全琫準《チョンボンジュン》を中心として、趙秉甲に悪政の是正を訴え続けるが、まったく効果はなかった。

全琫準は一八五五年の生まれ、古阜で書堂の訓長をしていたと伝えられる。書堂というのは寺子屋のような庶民の教育機関で、訓長はその教師だ。

そして一八九四年二月十五日、農民たちは全琫準を中心として古阜郡衙を襲撃した。

趙秉甲はいちはやく逃亡し、郡衙に突入した農民軍は罪人を釈放し、貯蔵されていた米を貧民に分配した。

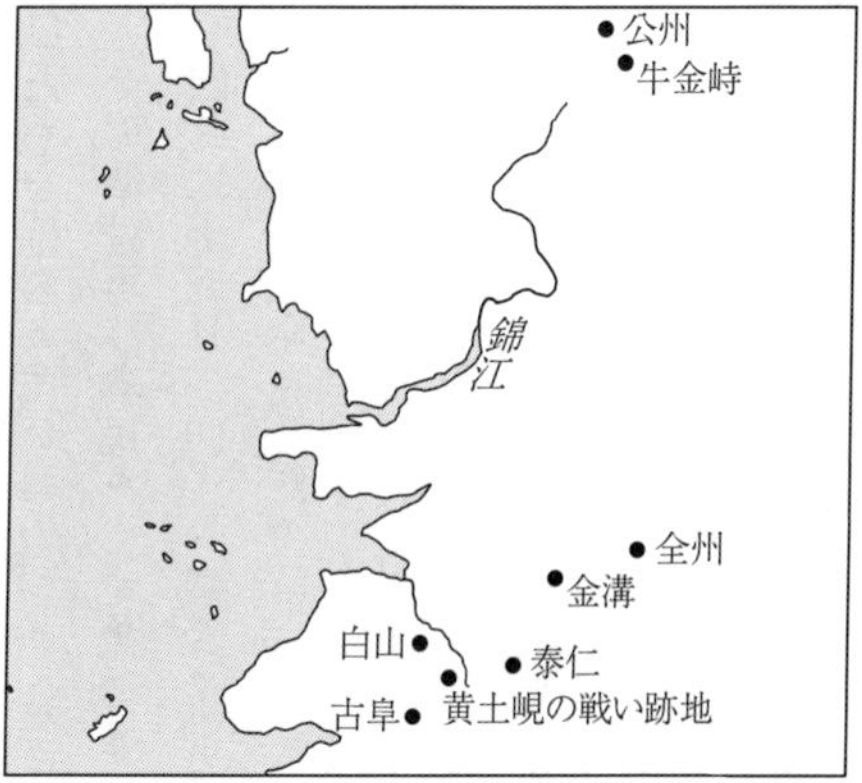

東学農民関連地図

古阜の蜂起は農民たちの祝祭となった。

しかし四月一日、新郡守として朴源明《パクウォンミョン》が赴任して農民たちを慰撫すると、農民軍は解散してしまう。蜂起の原因は趙秉甲の虐政にあり、それを是正するという約束があれば、農民としても不満はないのだ。

続いて按覈使《あんかくし》として、李容泰《イヨンテ》が八百の軍兵をしたがえてやってくる。李容泰は武力を背景に朴源明を威嚇し、農民たちと朴源明との間で交わされた約束を次々と反故にし、先の蜂起に参加した農民たちを捕らえていった。

全琫準は再び農民たちを集める。このとき、東学の組織が役に立った。四月二十五日、四千の農民を前に、農民軍は「輔国安民をもって死生の誓いとする」という布告文を発表した。


この世で人がもっとも貴いとされているのは、その倫があるためである。君臣、父子の関係は人倫の根本である。君が仁にして臣が直、父が慈にして子が孝であってはじめて、家国をなして、かぎりない福を実現することができる。今わが聖上は仁孝慈愛にして神明聖叡であらせられる。賢良正直の臣がそれを翼賛してその明を助けるならば、尭舜の化や文景の治といった理想的な政治も、太陽を指さすように簡単に望むことができよう。

しかるに今の臣は、報国を思わず、いたずらに禄位を盗み、聡明なる者を覆い隠し、阿諛追従《あゆついしょう》をこととしている。忠諫《ちゅうかん》の士にたいしては妖言という罵声をあびせ、正直の人を匪徒《ひと》とののしってはばからない。

内には輔国《ほこく》の才ある者なく、外には虐民の官多し。人民の心は日毎に不安に揺れ、入りては楽生の業なく、出ては保軀《ほく》の策なし。虐政は日に日に恣《ほしいまま》となり、怨声が絶えることはない。君臣の義、父子の倫、上下の分は粉々に砕け散ってしまい、あとかたもない。

『管子』は、礼・義・廉・恥の四つの徳が衰えれば国は滅亡する、と言っているが、最近の情勢は、いにしえよりもさらに悪くなっている。

公卿以下、方伯や守令に至るまで、国家の危殆《きたい》を思うことなく、ただ私腹を肥やしおのれの家の財産を増やすことにのみ心を砕いている。官吏を選任する場は、利殖の道具となりはて、科挙の合格はまるで金で買うものと化してしまっている。おびただしい財貨が王庫に納められることなく、私人の倉に納められている。

国には債務が累積しているというのに、報ずることを思わず、奢侈《しゃし》を恣にすること、そのおそれるところを知らぬほどだ。朝鮮の八道は魚肉と化し、万民は塗炭の苦しみに喘《あえ》いでいる。これはすべて、守宰《しゅさい》の貪虐《どんぎゃく》のゆえだ。このようなありさまで、民が困窮しないわけがあろうか。

民は国の本である。本が削られれば、国は滅ぶ。輔国安民の策を考えることもなく、外に豪邸を構え、おのれの財産を増やすことのみを考え、いたずらに禄位を盗む。このようなことがどうして理であろうか。われらは草野の遺民であるといえども、君の土を食し、君の衣を着ている。したがって、国家の危機を座視することはできない。朝鮮八道の民が心を同じくし、億兆が詢議《じゅんぎ》して、いま義の旗を挙げ、公に報じ、輔国安民をもって死生の誓いとする。今日の光景は驚くべきものであったとしても、おそれることなかれ。それぞれその業に安んじ、ともに日月の昇るを祝福し、聖化に感じることとなれば幸甚このうえない。

農民軍は再び古阜郡衙を襲撃し、李容泰を駆逐すると、白山《ペクサン》に結集した。総勢は六千とも七千とも伝えられている。農民軍はここで、大将として全琫準を選び、総管領に金開南《キムゲナム》、孫化中《ソンファジュン》を任命した。

全州城へ

農民軍は各地の貪官汚吏《たんかんおり》を追放しながら、全羅道の道都、全州に向かう。

藍一色に染め上げられた巨大な旗が先頭を行く。旗を捧げ持つのは、紅顔の美少年だ。そのうしろには、鮮やかな黄色の衣裳を身につけた十人の男が胡笛《ホジョク》を吹き鳴らしながら続く。その調べは全軍の士気をいやがうえにもあおりたてる。

さらに、白地に黒々と「仁」の字を染め抜いた旗を持つ男が続く。同じく「義」「礼」「智」の旗、そして「普済」「安民昌徳」の旗と続いていく。旗を持った一団のうしろには、甲冑に身を固めた騎馬武者が続く。日の光を受けて鎧がきらりと輝く。

そして十二条軍号を記した十二旒《りゅう》の旗。これは農民軍の軍律だ。

一、降者愛対　降伏する者はあたたかく迎え入れよ。
二、困者救済　困窮する者がいれば救済せよ。
三、貪官逐之　貪官汚吏はこれを追放せよ。

四、順者敬服　帰順する者に対しては敬意を忘るるなかれ。
五、飢者饋之　飢えている者に対しては食べ物を与えよ。
六、姦猾息之　姦悪、狡猾な行為を見たらこれをやめさせよ。
七、走者勿逐　逃げる者を追うな。
八、貧者賑恤　貧しい者には金品を与えよ。
九、不忠除之　不忠なる者はこれを除去せよ。
十、逆者暁諭　叛逆をこととする者には教え諭せ。
十一、病者給薬　病んだ者を見れば、薬を与えよ。
十二、不孝刑之　不孝をこととする者を見たなら、これを罰せよ。

白い笠をかぶり、白衣を着た総大将の全琫準が徒歩で続く。全琫準は父、全彰赫の喪中だった。

さらに、折風帽をかぶり、色鮮やかな道服を身にまとい、笠を手に、驢馬《ろば》に乗った十人の兵士が続く。華やかな孔雀《くじゃく》の羽をさした折風帽は、行軍というより、あたかも祝祭であるかのような雰囲気をかもしだす。

そしてそのうしろに陸続とやってくるのは、各邑の名を記した旗を先頭に行進する兵士たちだ。樺《かば》、黄、青など色とりどりの頭巾をかぶり、その大半は赤がかった玉子色の麻布の衣服を着用している。

銃兵は、肩に火縄銃を担ぎ、腰に火薬筒と火縄をつけていた。銃を持たない者は、弓、月刀、鎲把《どうは》槍《そう》、そして竹槍などさまざまな武器を手にしている。

悪逆非道なる輩を征伐するために、天から降りてきた天兵もかくやと思われる堂々たる行軍を、沿道の農民は喝采をもって迎えた。鎌や鍬を手に、この行軍に参加する若者もあとを絶たなかった。

農民軍の各部隊長には、次の四つの約束が命じられた。

一、敵に対するときは、血を流さずに勝つ者を軍功第一とする。

二、やむをえず戦う場合でも、人命を損なうことなく勝利することを第一とする。

三、行軍の際、民のものを損壊してはならない。とりわけ、田畑を荒らすことは厳禁である。

四、孝悌忠信の人が居住する村の十里以内に駐屯してはならない。

黄土峴《ファントヒョン》の戦いをはじめ、幾度かの戦闘で官軍を破った農民軍は、ついに一八九四年五月三十一日、ほぼ無血で全州城に入城する。

ところが翌六月一日、洪啓勲率いる官軍が全州城の南にある完山に陣を布《し》くのである。農民軍は完山の官軍に総攻撃をかけたが、山頂から砲を撃ちおろす官軍の陣を抜くことはできなかった。しかし官軍のほうも、完山の陣を防衛するのが精一杯で、全州城を奪還するなど望むべくもなかった。

農民軍も官軍も、にらみ合ったまま、進退が窮まったのである。

2　日本、清を戦争に引きずりこむ——豊島沖の海戦

日本軍と清軍の進駐

官軍の力では農民軍を鎮圧できないので、清に援兵を請うべきだという洪啓勲の要請をうけ、閔泳駿《ミンヨンジュン》はそれを朝廷に提案する。

しかし壬午軍乱、甲申政変以後、清の内政干渉は伝統的な事大外交の慣例を超えるものとなっており、ここであらたに清から借兵をすれば、朝鮮の独立が危うくなるおそれもあるとの理由で諸大臣がこぞって反対したため、借兵の提案は却下された。

ところが全州城が農民軍の手に落ちたとの報せが入ると、閔泳駿は強引に借兵の方針を決定してしまうのである。閔泳駿は朝鮮の独立より、おのれの権力の維持を優先させたのだ。

借兵の要請をうけた李鴻章は、朝鮮が清の属国であることを内外に示す絶好の機会として朝鮮への派兵をとらえた。李鴻章が警戒したのは日本の出兵だったが、当時日本の衆議

院では内閣弾劾上奏案が可決され、伊藤博文内閣は政治的危機に直面しており、朝鮮に兵を送る余裕はないだろう、という報告がなされていた。

李鴻章は直隷提督葉志超《ようしちょう》を指揮官とする二千八百の兵の派遣を決定し、六月六日、天津条約の規定によりそのことを日本に文書で伝達した。

日本政府が衆議院の攻撃によって苦境におちいっていたのは事実だが、逆に清の朝鮮出兵を利用してこの苦境を打開しようとする。日本政府の動きははやかった。六月二日には混成旅団の出兵を決定し、五日には大本営を設置するのである。大本営の設置は戦時にのみ行われる。つまりこの日から日本は戦時体制に突入したのである。清が日本に正式に出兵を通知する以前のことだった。

日本が出兵を決定した混成旅団は、歩兵二個連隊約六千人を中心とし、騎兵、砲兵、工兵から野戦病院、兵站《へいたん》部などを含んでおり、独立して戦うことのできる軍団であった。出兵の名目は居留民保護である。しかし居留民保護のためであるならば、多くても数百の兵が常識的な線だった。八千を超える大軍団の派兵はまったく常軌を逸したものだった。

仁川に上陸した日本軍は、朝鮮政府の抗議を無視して、漢城に陣を布く。対する清は漢城の南八十キロメートルの牙山《アサン》に駐屯していた。

全州和約

日本軍の出兵にあわてふためいた閔泳駿は、完山で農民軍と対峙していた官軍に、農民軍と和約を結ぶよう命令する。

漢城と牙山に日本軍と清軍が進駐したという情報に農民軍も緊張した。朝鮮の独立が失われるかもしれないという危機感の中、農民軍は和約の申し出を受け入れる。農繁期に入り、多くの農民兵が帰郷を願っていた、という事情もあった。

こうして、二十七ヵ条の弊政改革案を国王に上達する、という条件のもとに、六月十一日、全州和約が成立する。

農民軍は全州城を引き払った。田をもつ農民の多くは故郷の村に戻り、農作業に精を出す。しかし田をもたない貧農や解放された奴婢や賤民の多くは農民軍に残った。

全州城を出た農民軍は全羅道一帯に広がり、朝鮮の歴史上はじめて、農民による自治を実現するのである。パリ・コミューンに遅れること二十三年であった。

行くところ、農民軍は貪官汚吏を追放し、自治の体制をきずいていった。買い占められた米穀を徴収し、それを安く販売して、米価を安定させることにも力を注いだ。国法を遵守しながら、徹底した平等主義を貫いていったのである。

追放された金文鉉に代わってあらたに全羅道観察使に任命されたのは、刑曹判書、工曹判書を歴任した金鶴鎮《キムハクチン》だった。虐政によって民の怨声をかっていた金文鉉の後任として任命されただけあって、金鶴鎮は仁政が何たるかを知る人格者だった。

金鶴鎮は二度にわたり全琫準と会談をし、ふたりは固い絆で結ばれることになる。金鶴鎮の黙認のもと、全羅道一帯の農民自治は確実に成長していった。

何等の口実を用ゆるも差支えなし

全州和約が成立し、日本軍も清軍も朝鮮に駐屯する理由はなくなった。当然朝鮮政府は日本軍と清軍に撤兵を要求する。

しかし日本軍は頑としてこれを拒否した。出兵したまま戦争もせず、何の利益も得られないまま撤兵するようなことになれば、伊藤内閣はたちまちのうちに崩壊してしまう。

しかし大義名分のない戦を仕掛けるわけにはいかない。不平等条約改正の交渉が進んでいるこのとき、何よりも欧米列強の目を気にしなければならないからだ。

清の李鴻章は日本と戦争をするつもりはなかった。朝鮮での力関係は清が優位に立っており、日本と戦争をしても何の利益もない。また軍備においても、李鴻章は不安をいだいていた。李鴻章自慢の北洋艦隊は日本を仮想敵として編成されたものであり、主力艦である「定遠」「鎮遠」は就航当時、日本の軍艦を圧倒する性能を誇っていた。しかし就航したのは一八八五年、八六年であり、それ以後日本は定遠、鎮遠を目標として艦隊を整備し、排水量では劣るものの速度に勝り、最新の速射砲を装備した新鋭艦を就航させている。

それに対し、北洋艦隊の主力はいまだに定遠、鎮遠のままなのだ。一八九四年に数えで六十歳になる西太后が、その六旬万寿を盛大に祝うため、北洋艦隊の資金を流用して頤和《いわ》園《えん》の整備をしてきたからである。そのため北洋艦隊には毎年莫大な予算がつけられているにもかかわらず、新鋭艦が一隻も就航しないという奇妙な事態になった。新鋭艦がないだけではない。砲弾や火薬が不足し、満足に訓練もできないというのが実情だった。

李鴻章は清の朝廷での地歩を固めるため、北洋艦隊の資金の流用を黙認した。北洋艦隊がいわば張子の虎と化してしまうのは承知の上だった。北洋で睨みをきかせるだけなら、張子の虎でも十分だったからだ。しかし張子の虎では戦争はできない。

伊藤内閣の外相、陸奥宗光は、戦をするつもりのない清を戦争に引きずりこむため、智恵を絞った。

第一の策は、清と日本が共同で朝鮮の内政を改革しよう、という提案だった。もちろん陸奥は、清がこのような提案を受け入れる可能性はほとんどないと考えていた。清は朝鮮を属国とみなしており、日本と清が平等な立場で朝鮮の改革に臨むことなど受け入れられるはずもなかった。

予想どおり、清は日本の提案を拒否してきた。理由は、①朝鮮の内乱はすでに平定した、②朝鮮の改革は朝鮮がみずから行うべきものであり、他国が干渉すべきものではない、③事変が収束すればおのおの軍隊を撤回すべし、というのが天津条約の規定であり、それにしたがうべきである、という三点だった。

正論である。しかし正論だからといって納得してしまっては戦争にならない。

陸奥は、清が共同で朝鮮の改革を進めるという案に同意しないのならば、日本が独自に進めると回答する。朝鮮の改革が結果を出すまではどのようなことがあっても撤兵しない、という強硬なものだった。

これが第一次絶交書である。

朝鮮の内政改革といっても、清を戦争に引きずりこむための術策に過ぎない。陸奥自身が次のように記している。

余は初めより朝鮮内政の改革その事に対しては格別重きを措《お》かず、また朝鮮の如き国柄が果して善く満足なる改革をなし遂ぐべきや否やを疑えり。

（『蹇蹇録』、以下同）

このまま一気に戦争に突き進もうとしていた陸奥の前に強敵があらわれる。李鴻章の依頼を受けて、ロシアが仲裁に乗り出してきたのである。ロシアは朝鮮の希望を入れて、日本はすみやかに撤兵するよう強硬に要請してきた。

日本は東アジアでロシアと対抗しているイギリスを引き入れて、ロシアと競おうとした。

最初ロシアの要請は強硬なものであったが、東アジアでの軍備が不十分なものだったため、竜頭蛇尾に終わってしまう。

イギリスは日本の希望にそって、清に、日本と共同で朝鮮の内政改革のための委員会を設置してはどうかと提案する。清としては最初から受け入れることのできない条件であり、当然のことながら清は拒否する。

これを見て陸奥は清に第二次絶交書を送付し、同時に漢城の大鳥圭介に次のように電訓した。

如何にもして日清の間に一衝突を促すの得策たるべきを感じたるが故に、七月十二日、大鳥公使に向かい北京における英国の仲裁は已に失敗したり、今は断然たる処置を施すの必要あり、いやしくも外聞より甚だしき非難を招かざる限りは何らの口実を用ゆるも差支えなし、速やかに実際の運動を始むべしと電訓せり。

漢城の日本軍は、周到な準備の末、七月二十三日深夜、朝鮮の王宮、景福宮を取り囲み、一隊を王宮内に突入させた。

まず工兵隊が迎秋門の爆破を試みるが、爆薬が不足してうまくいかない。斧で打ち破ろうとするがこれも失敗する。最後は何人かの兵に塀を乗り越えさせ、内外よりのこぎりでかんぬきを裁断して、門を破った。この作業に手間取ったため、迎秋門突入は午前五時頃となってしまった。

王宮内に突入した日本軍は国王を擒《とりこ》とするため、ただちに捜索を開始する。

当時王宮侍衛隊は精兵といわれていた平壌の兵五百から編成されていた。王宮侍衛隊は四倍以上の日本軍に対し果敢に抵抗した。銃撃戦は数時間続き、双方に死傷者が出た。しかし衆寡敵せず、次第に侍衛隊は北方へ追い詰められていく。その間、日本軍の一隊が雍《よう》和門《わもん》内にいた国王を擒にしてしまう。

そしてついに、王から侍衛隊に、それ以上の抵抗はやめるようにとの命令が下るのである。王命に逆らうわけにはいかない。兵たちは悲憤慷慨しながら、北方へ逃亡する。

日本軍はただちに、王宮と漢城内の朝鮮軍の武装解除にのりだす。分捕った武器は、大砲三十門、機関砲八門、小銃三千挺、雑武器無数であった。

さらに王宮に入った大鳥圭介は、兵を動員して王宮に所蔵されていた貴重な文化財をことごとく略奪し、仁川港から運び出してしまった。

国王を擒にした日本軍は、閔氏政権を打倒して、開化派を中心とした親日派政権を打ち立てるのである。

歴史の捏造

この日本軍の王宮攻撃について、公刊戦史等には、朝鮮政府との交渉のなりゆきにしたがって日本軍が王宮に沿って行軍していたところ、王宮内から突然発砲があり、日本軍は余儀なく応射した、銃撃戦は十五分ほどで終了し、日本軍は王宮内に入って王を保護した、と記してある。

日本軍による王宮占領が、日本公使や日本軍の周到な準備のもとに故意に行われたものであることが明らかになれば、列国の非難を招くおそれがある。そのため日本政府は王宮攻撃についてこのような虚偽の歴史を捏造し、それを流布し続けたのである。

これまで公刊された『日清戦史』にあるこのような記述に対しては、多くの疑問の声があがっていた。しかしそれを覆す決定的な史料は見つかっていなかった。

ところがこの王宮攻撃からちょうど百年後の一九九四年、歴史家の中塚明が福島県立図書館の「佐藤文庫」の中に、参謀本部による『日清戦史』の草案を発見する。そこには日本軍の朝鮮王宮攻撃の計画から実際の事件の流れまでが詳細に記されていた。これによって日本政府の説明の嘘が天下に明らかになったのである。

日本軍は高宗に「清軍を朝鮮から駆逐すべし」という文書を書くよう強要する。王宮攻撃の第一の目的はこの文書の入手であった。この文書によってはじめて、日本は清に戦争を仕掛けるにたる、そして欧米列強を納得させうる大義名分を得るのである。

日清戦争は、日本軍と清軍が戦火を交える前に、日本と朝鮮の戦争——日朝戦争——としてはじまったのである。

豊島沖海戦

漢城に駐屯していた日本の第五混成旅団は牙山の清軍を駆逐するため、七月二十五日、南下をはじめる。

一方、日本海軍は七月二十三日、長崎の佐世保軍港から朝鮮の西海岸に向けて次々と出港していった。

二十五日未明、豊島《プンド》沖で「吉野」「秋津洲《あきつしま》」「浪速《なにわ》」の日本艦隊と「済遠」「広乙」の清国艦隊が遭遇する。日本の総トン数は一万一千トン、清は三千三百トン、備砲は日本が三十門、清が六門、さらに日本の巡洋艦は従来の砲が一発撃つ間に八発の砲弾を撃つことができる速射砲を備えていた。戦力の差は圧倒的だった。

戦闘がはじまるや済遠は猛烈な砲火にさらされ命からがら逃走し、広乙は海岸に乗り上げ身動きがとれなくなってしまう。

日本艦隊が逃走する済遠を追尾しているとき、旧式の木造砲艦「操江」に護衛された「高陞号《こうしょうごう》」が近づいてきた。高陞号はイギリスの国旗を掲げたイギリス船籍の商船であったが、清が借り受け、約千人の清兵を輸送していたのである。

浪速の艦長、東郷平八郎は高陞号に清兵が満載されていることを知り、捕獲を宣言する。しかし清の将兵は降伏を拒否する。そして停船命令を発してから四時間後、浪速は砲撃を開始し、高陞号は沈没する。

東郷平八郎は端艇を下ろし、国際法上問題となった場合に証人となりうるイギリス人の船長らのみを救助するよう命じる。海に投げ出された清の将兵はそのまま捨て置かれることとなった。

翌日偶然通りかかったフランスの軍艦により、漂流していた二百人ほどの清の将兵は救助されたが、あとはすべて海の藻屑と消えてしまったのである。清の将兵を見捨てたことは許すべからざる非人道的な行為として、のちに国際的に非難されることとなる。

しかしそれよりも日本政府を驚愕させたのは、イギリス船籍の船を撃沈した事実だった。この一報を受けた陸奥宗光はあわてふためき、これ以上の派兵を中止すべきだと進言したほどである。陸奥の外交が何を重視していたかを如実に語るエピソードだ。

陸奥にとって幸いなことに、イギリスの国際法学者のホランドが『タイムズ』誌に、高陞号の撃沈は国際法上合法である、という主張を載せ、イギリスの世論が沈静化したため、これは深刻な国際問題とならずにすんだ。

ことになる。

成歓の戦い

一方、牙山の清軍を駆逐するため南下をはじめた日本軍は、その当初から補給に苦しむことになる。

兵糧や輜重《しちょう》運搬の牛馬、人夫などは現地調達するというのが日本軍の方針であったが、朝鮮の民がすすんで日本軍に協力するはずもなく、日本軍は要路に兵を派して通行する牛馬を有無を言わせず押拿《おうだ》するということまで強行し、さらに朝鮮人民の反日感情を刺激することとなった。

牙山に向かった日本軍も、集めた朝鮮人や馬匹《ばひつ》が逃亡して食糧にも困窮する状態におちいり、歩兵第二十一連隊第三大隊長古志《こし》正綱少佐が引責自殺をするという事件も発生している。補給に苦しみながらも進撃した日本軍は、二十九日未明、成歓で清軍と激突し、数時間の戦闘ののち、清軍を敗走させる。

敗れた清軍は漢城を迂回して平安道の要衝、平壌《ピョンヤン》に向かった。

豊島沖海戦、成歓の戦いで勝利した日本は、八月一日、宣戦の詔勅を発する。

黄海海戦

深夜日本軍が王宮を攻撃し国王を擒《とりこ》にした、という話はたちまち広まり、各地で日本軍に対する朝鮮民衆の抵抗運動が起こる。日本軍はそれに苦しめられながら、清との戦いを続けていくことになる。

清は平壌に一万二千の兵を集め、防御陣地を強化していた。

日本軍は朝鮮民衆の抵抗によって、補給に窮し、平壌を包囲した時点で日本軍はわずか二日分の糧食しか保有しておらず、弾薬すら不足するありさまだった。野津道貫師団長は、後続の部隊が到着すれば一層補給に困惑すると判断し、現有の一万七千のみで平壌を強襲すると決定する。

九月十五日未明、日本軍は四方から攻撃を開始する。清兵もよく戦い、激戦は一日続いた。夕刻になると正面を担当した部隊は弾薬を使い果たし、師団長は一時退却することまで考えた。ところが平壌城の北門である玄武門が陥落すると、清軍の総司令官葉志超は戦意を失い、逃走してしまう。これにより清軍は総崩れとなってしまった。清軍の死者は二千人以上と伝えられているが、そのほとんどはこの潰走中に犠牲となったという。

日本軍はわずか一日で平壌城を陥落させたが、補給のことを考えれば薄氷の勝利であった。

そして同月十七日、黄海で日本と清の艦隊決戦が行われる。黄海海戦である。総トン数は日本が四万トン、清が三万五千トン、重砲は日本十一門に対して清二十一門であったが、最新の速射砲では日本が六十七門と清の六門を圧倒していた。この速射砲が絶大な威力を発揮したのである。

午後一時頃にはじまった激烈な砲戦は日が沈みかけるくらいまで続く。清は弾薬庫がほとんどからになるまで奮戦した。清の主力である定遠、鎮遠は二百発以上の砲弾を浴びたにもかかわらず、沈没だけはまぬがれた。しかし日本の速射砲の猛火を浴びて、三隻の巡洋艦を失う。

日本の艦船も大きな被害を受け、旗艦「松島」では百人以上の死傷者を出したが、一艦も失うことはなかった。海戦は日本の勝利で終わったのである。

日清戦争に反対した勝海舟

勝海舟は、日清戦争の開戦の直後、次のような漢詩を書いている。

隣国交兵日　隣国と兵を交える日
其軍更無名　その軍、さらに名分は無い
可憐鶏林肉　憐れむべし、鶏林の肉（鶏林は朝鮮の美称）
割以与魯英　割いてそれをロシアとイギリスに与えることになるとは

（勝海舟『海舟語録』講談社学術文庫）

日清戦争が大義名分を欠く戦争であると公言したのである。天皇の名によって宣戦の詔《みことのり》が出ているのに「其軍更無名」と書くのははばかりがあるのではないか、と忠告する者もいたが、海舟はかまうことなく周りの人にこの詩を配った。

海舟は日清戦争に反対だった。日本、朝鮮、清が連携して西欧列強に対抗すべきだ、というのが持論だったからだ。連携すべき清と戦争するというのは、兄弟げんかのようなものだ、というのである。日本、朝鮮、清の三国同盟論は、一八六四年の神戸海軍操練所設立当時から唱えていたことだから、筋金入りだ。

明治政府のいわゆる文明開化にも、海舟は反対だった。文明開化によって民衆が幸福になったとは言いがたいからだ。西洋の科学技術の優秀さは海舟も認めている。しかし何でもかんでも西洋の猿真似をしようとする文明開化は誤っている、と主張している。たとえば足尾鉱毒事件などは、西洋の猿真似の結果である、というわけだ。

富国強兵路線は民衆に過度の負担を強いた。農村の疲弊は言語を絶する様相を示し、文明開化によって生じた都市のスラムは目を覆うばかりの実情だった。

学問であれ政策決定であれ、民を幸福にすることができるかどうかを常に問い続けなければならない、というのが儒学の根本精神だ。仁や義の原則にはずれているかどうか、をおのれ自身に問うのである。勝海舟の思想にも同じ原則が貫かれている。

西洋文明の表面だけを見て、それに幻惑されてしまった福沢諭吉の思想とは根本が異なる。

しかし日清戦争によって、日本は西欧列強の手先としての道を歩みはじめてしまった。勝海舟がひとり頑張っても、どうすることもできなかったのだ。

3　農民軍の敗北と残党狩り——日常化する残虐行為

農民軍と日本軍との戦い

全州和約以後、洪啓勲率いる官軍は漢城に戻り、全州には二百ほどの兵が残っているだけだった。

全羅道の治安は全面的に農民軍が維持していた。農民軍は東学の組織を基礎として、和約のときに官軍に提出した弊政改革案を独自に実現しようと努力していた。

農民軍大将、全琫準は各地を巡回し、農民自治の進展を見守っていた。農民軍の主体は解放された奴婢や賤民となり、過度な平等主義は物議をかもすこともあったが、全羅道の民は新しい朝鮮の息吹を感じ、未来に希望をいだいていた。

そこに、日本軍が王宮を襲撃し占領した、という報せが届いたのである。日本軍と清軍は朝鮮の地で勝手に戦争をはじめ、意外なことに日本が連戦連勝だという。しかしどちらが勝つにせよ、戦場となった朝鮮の民の被害は暴政などと比較にならないほど深刻なものだった。

十月、農民軍は全琫準を中心として再度蜂起した。全羅道観察使金鶴鎮は農民軍に武器、弾薬などを補給し、後方から支援した。

漢城の官軍を指揮下に置いた日本軍はただちに農民軍討伐に兵を向けた。

農民軍は官軍の将兵に対し、日本の手先となって農民軍と対決するのは意に反することであろうから、ただちに農民軍の陣営に加わるようアピールする。これにこたえて礦山営将の金甲東《キムカプトン》や公州の李裕相《イユサン》などが農民軍に参加してきた。

数万にふくれあがった農民軍は、全州から漢城へ向かう要衝、公州《コンジュ》へ進撃した。公州を守備する日本軍、官軍は二千に足りない兵力だった。

地を埋め尽くすような農民の大軍が死をも恐れぬ突撃を繰り返し、守備隊は恐怖におののいたと伝えられている。

とりわけ公州牛金峙《ウグムチ》の戦いは激烈を極めた。

しかし近代兵器で武装した日本軍の前に、農民軍は多くの死傷者を出して敗退する。

兵を退いた全琫準は金溝《クムグ》で農民軍を結集し再度決戦を挑むが再び敗北する。八千ほどになった農民軍は泰仁《テイン》でさらに抗戦するが、惨敗を喫してしまう。農民軍は四散し、逃れた全琫準は再起を期していたが、避老里《ピロリ》で官軍に捕まった。

しかしこれで終わったわけではない。これ以後展開された日本軍とその指揮下にある官軍とによる残党狩りは、言語に絶するほど凄惨なものだった。東学党を鎮圧せよとの日本軍の電文には、「殺戮《さつりく》」「殲滅《せんめつ》」「剿絶《そうぜつ》」「滅燼《めつじん》」「殄滅《てんめつ》」などのおどろおどろしい言葉がおどっている。

永同《ヨンドン》では、かまどの中に隠れていた七歳ほどの女の子を引っ張り出して、父親の居所を教えないからといって機関銃で撃ち殺したとか、青山《チョンサン》では三百五十人の農民を機関銃で撃ち殺し麦畑に捨てたとか、さまざまな残虐行為が伝説のように伝えられている。

正確な数はわからないが、犠牲者は数万とも数十万とも言われている(定説は三万〜五万だが、異論もある)。日清戦争による死者が一番多かったのは、清でも日本でもなく、朝鮮だったのだ。日本の歴史教科書などではほとんど無視されているが、後述する旅順虐殺事件、台湾占領にともなう大虐殺とともに、近代の日本軍が歴史上最初に行った残虐事件として永く記憶にとどめておく必要があろう。

逮捕された全琫準は漢城に押送され、翌九五年三月に処刑された。齢四十一であった。自らも東学農民戦争に参加した呉知泳《オジヨン》が記した『東学史』の中に、次のような童謡が紹介されている。

鳥よ　鳥よ　緑豆《ノクトウ》の鳥よ
緑豆の畑におりたつな
緑豆の花が散れば
青舗《チョンポ》売りが泣いていく

背が低かった全琫準は緑豆将軍と呼ばれていたという。青舗は緑豆で作った菓子のことだ。

鳥よ　鳥よ　八王の鳥よ
おまえはなにをしにやってきたのだ

松の葉や竹の葉が青々しいので
夏ではないのかと来てみると
白雪がしんしんと降っていたんだ
むこうの青松緑竹が
わたしをあざむいたのだよ

八王というのは破字で、あわせると「全」になる。青松緑竹は、果たすことのできなかった農民軍の夢をあらわすのではないだろうか。

下関条約

平壌の清軍を潰走させた日本軍は鴨緑江を越えた。戦火は清の領土に拡散したのである。一方、別の一軍は遼東半島の突端近く、大連に上陸し、十一月二十一日、わずか一日で旅順要塞を陥落させる。このとき大事件が起こる。

旅順に入城した日本軍が非戦闘員、婦女子、さらには幼児までをも虐殺し、それを欧米の特派員が目撃したのである。事件は全世界に報道され、日本はその責任を問われることになる。

しかし伊藤首相は、日本軍の士気をくじくことになるという理由で、残虐行為の責任者の責任を不問とする決定を下す。以後、陸奥外相は対外的には弁明を繰り返し、買収や日本国内での言論統制などあらゆる手段を用いて、必死になって事件を糊塗していくのである。

そして遼東半島での戦闘が続く中、九五年三月、李鴻章が下関にやってきて、日本側全権の伊藤博文、陸奥宗光と講和交渉に入る。

李鴻章はこの時点でも、将来清と日本が協力して欧米列強に対抗していくことを希望していた。そのため、清と日本の友好を損なうおそれのある領土の割譲だけはやめてほしいと頼み込んだのだが、伊藤も陸奥も聞く耳をもたなかった。

四月十七日、下関条約が締結される。

条約は第一条で、朝鮮国が完全無欠なる独立自主の国であることをうたった。そして遼東半島・台湾の割譲、庫平銀で二億テールの賠償金の支払いという清にとっては実に過酷な内容が記されていた。

台湾征服戦争

下関条約によって台湾の割譲が論議されていることが伝わると、台湾では割譲反対運動が起こった。そして五月二十三日、全台湾島民の名において「台湾民主国独立宣言」が発せられる。

日本はただちに軍を台湾に差し向ける。日本軍が台北に接近すると、台湾民主国の要人はみな逃亡してしまった。六月七日、台北が陥落し、台湾民主国は事実上崩壊する。

しかし台湾民衆の抗日闘争が本格化するのはこれからだった。日本軍は民衆のゲリラ戦術に手を焼き、良民と「土匪」との区別がつかない、という理由で、村を焼き払い、民衆を無差別に殺戮していった。

台湾総督の樺山資紀《かばやますけのり》が台湾平定宣言をするのは十一月十八日であった。五万の軍勢を動員し、四ヵ月の時日を要したのである。さらに日本軍の死傷者は、朝鮮から遼東半島にいたる、いわゆる日清戦争の全期間を通じてのそれよりも多かった。

また台湾平定宣言後も、抗日武装闘争は終わらなかった。台湾の民衆の基本的人権を認めず、とりわけ「土民」への差別意識が露骨な日本の支配によって、反日感情は強まる一方だった。旅順虐殺事件のときのように、欧米のジャーナリストの目があるわけではなかった。密室の中で、「土民」への残虐行為は日常化していったのである。

尖閣諸島

下関条約が締結される三ヵ月ほど前の一月十四日、日本政府は、魚釣島、久場島、大正島、北小島、南小島の五つの島と三つの岩礁からなる尖閣諸島の沖縄県への編入を閣議決定する。尖閣諸島は石垣島の北、台湾の東北に位置し、最大の魚釣島を基点とすると、石垣島との距離も台湾との距離もおよそ一七〇キロメートルである。

まったく無人の島々であった尖閣諸島の調査を日本政府がはじめたのは、そのおよそ十年前であった。しかし当時は、これらの島々が中国の古文書にある釣魚台、黄尾嶼、赤尾嶼といった島々と同一である可能性もあり、これを領有した場合、清を刺激するおそれがある、という理由で領土編入を見合わせていた。

ところが日清戦争が勃発し、日本の勝利が確定的になったこの時点で、突然沖縄県への編入を決定するのである。これでは火事場泥棒であるという非難をまぬがれることはできない。

現在(二〇一三年)、日本と中国、台湾の間で、この尖閣諸島の領有問題をめぐって緊張が高まっている。この問題は、日本と韓国との間の懸案事項である竹島――独島――問題と相通じるものがある。どちらも、それがこじれている原因は、国際法上の領有権がどうのこうのという以前に、歴史認識の問題があるからである。

4　王宮に乱入した日本人――后妃・閔妃を殺害

甲午改革

話は日本軍による王宮占領直後にさかのぼる。王を擒《とりこ》とした日本は、閔氏一派を排斥し、開化派を中心とした親日政権を打ち立てた。

首班となったのは金弘集《キムホンジプ》だった。

一八四二年生まれの金弘集は、一八八〇年、修信使に任命され、五十八名の使節団を率いて日本を訪問する。帰国後、西洋近代の技術的成果を取り入れるため、西洋や日本に学ぶべきだと主張し、穏健的開化派として、閔氏政権のもとでも高官をつとめてきた。金弘集は、日本の圧力によって政権を握ることになったとはいえ、年来の悲願であった開化の政策を精一杯実行しようと努力を続けるのである。

一八五六年生まれの兪吉濬《ユキルチュン》もこの開化派政権で中心的な役割を演じる。兪吉濬はシャーマン号事件のときの平安道観察使、朴珪寿の直弟子で、日本とアメリカに留学したこともあった。

この開化派政権による一連の改革は、甲午改革と呼ばれている。その改革は、官制の改革、科挙の廃止、通貨の改革、身分差別の撤廃など、広範囲に及んだ。

しかし一八九四年十月から日本人の顧問が採用されるようになり、朝鮮の保護国化をもくろむ日本の干渉が強まっていき、改革の方向がゆがめられていく。

また開化派政権の背後に日本がいることは誰でも知っていることであり、そのため改革そのものが日本に関係づけられて考えられ、それだけで民衆の反発を買うことになった。不幸なことに、近代化が日本の侵略と同一視されてしまったのである。

日清戦争に勝利し、以前よりも多くの日本人が朝鮮にやってくるようになった。しかしそのほとんどが、一攫千金を狙った無知で粗暴なやま師であったことが、朝鮮人の反感をあおりたてることになる。

大鳥圭介に代わって赴任してきた井上馨が、朝鮮に渡ってきた日本人は粗野、無礼であり、朝鮮人を侮蔑しており、このままでは朝鮮人からのあらゆる敬愛を失い、日本人に対する朝鮮人の憎悪と敵意だけが残る結果になるから、すみやかに是正すべきであるとの建議をしているほどだ。

スコットランド系カナダ人のジャーナリスト、F・A・マッケンジーは漢城で発行された英字新聞『コリアン・リポジトリイ』の記事を次のように引用している。

戦前には、ソウル在留日本人のあいだに、このような横柄さが、こんなにも広がっているとは、われわれは気づかなかった。ところが、朝鮮における日本の覇権確立以来、それが露骨にあらわれてきた。朝鮮の国内各地やソウル以外の諸都市で、日本の商人たちが、朝鮮民衆に対してきわめて無礼かつ乱暴にふるまっていることを、確証にもとづいて知っている。純真な朝鮮民衆が、彼らにだまされたり侮辱されたりしない日は一日とてないといってよい。朝鮮人が、彼らを説諭したり、彼らにあえて抵抗したりしようものなら、彼らは、海を渡ってやって来たこの野蛮人ども――われわれは、自分たちの国の人間の同様なふるまいについても、これと同じ言葉を使って言いあらわすであろう――が、自分たちよりも力があり巧妙であり、かつ必要とあればこの二つを容赦なく行使する連中であることを、身をもって知らされるだけである。こんなやま師たちに法律がなんの役に立とうか？　彼らは金銭だけをあさり、朝鮮人の権利などにはてんでおかまいないのである。

（マッケンジー『朝鮮の悲劇』平凡社東洋文庫）

三国干渉

日清戦争は東アジアにおける欧米列強のバランスを崩してしまった。

十年前の清仏戦争では、清が善戦した。いくつかの戦闘ではフランス軍が惨憺たる敗北を喫したほどである。戦争そのものも、フランスの勝利とは言いがたいものだった。

それ以後、欧米列強はお互いの顔色をうかがいながら、清への手出しは控えていた。約十年間、東アジアは平和だった。

ところが大国である清が日本に敗れてしまったのである。

これをきっかけとして、欧米列強は、巨牛の死体に群がるハイエナのように、露骨に清を蚕食しはじめる。

清もまた、日本に対する巨額の賠償金を支払うため、欧米列強から借款せざるをえなく

三国干渉の後の鉄道利権獲得競争と日本　英仏露独(左から)による租借地の設定・拡大と鉄道利権獲得競争が日清戦争をきっかけにすすみ，不満顔の日本(右，ビゴー画，1898年3月)

なり、その代価としてさまざまな利権を奪われてしまうのである。血を流したのは日本であったが、欧米列強は座したまま、漁夫の利を得たのだ。

つまり、大国清を前に欧米列強が手出しをためらっていたとき、日本が清を侵略する斬り込み隊長となったというわけである。漁夫の利を得ようと欧米列強が見つめる中、その忠実な手先として血を流す日本の姿は、滑稽でもあった。

東アジアにおける欧米列強のバランスを崩した結果は、すぐに日本へも影響を及ぼした。

まずはロシア、フランス、ドイツが、日本に遼東半島を清に返還するよう勧告してきたのだ。

三国干渉である。

日本はアメリカ、イギリスの協力を得てなんとかこの勧告を牽制しようとしたが、遼東半島への日本の進出を望まないアメリカ、イギリスは中立を宣言する。そのため日本はしかたなくこの勧告を受け入れた。

その後、遼東半島突端の大連、旅順をロシアが租借し、対岸である威海衛をイギリスが租借することになる。

開戦と同時に、日本は朝鮮に対して鉄道、電信、鉱山などの利権を要求していくのだが、これもまた欧米列強の利権獲得の呼び水となる。数年の間に、日本だけでなく、ロシア、アメリカ、イギリス、フランス、ドイツが朝鮮国内の鉱山や交通、通信機関の利権を奪取していく。

これらは、朝鮮の経済や政治の自立的な発展の重大な障害となった。朝鮮ブルジョアジーによる鉄道建設、鉱山開発などの計画を日本や列強が干渉して中止させ、それらの利権の譲渡を強要したからだ。

日清戦争は、清にとっても、朝鮮にとっても、経済的に従属的な地位に転落する決定的な契機となったのである。

王妃虐殺

日朝戦争――朝鮮の王宮への攻撃――によって親日政権を打ち立て、日清戦争によって清の朝鮮への影響を遮断した。これによって朝鮮の保護国化は完璧となるはずだった。

しかし朝鮮政府はしぶとく抵抗する。

日清戦争がきっかけとなり、欧米列強による清の利権獲得競争がはじまったことも、日本の誤算だった。欧米列強は、清へ進出すると同時に、「隠者の国」である朝鮮にも注目するようになったのである。

とりわけ、日本に脅威だったのはロシアの進出であった。

ロシア公使をはじめ、アメリカ公使なども日本の内政干渉を激しく抗議しはじめた。日本も下関条約で朝鮮の独立をうたっている以上、あまり露骨なこともできない。日本政府は進退に窮し、次の方針を立てることもできないでいた。

国王は日本の内政干渉に対して抵抗するようになった。その背後には、日本の威信失墜を的確にとらえた閔妃の存在があった。閔妃は特に、ロシアの力を背景として、日本の干渉をはねのけようとしていた。ロシア公使ウェーベルは高宗と閔妃の信頼を得ることに成功していた。これにはウェーベル夫人の功も大きかった。ウェーベル夫人は閔妃と個人的に親しくなっていたのである。

十六歳で嫁ぎ、激動の時代を生き抜いてきた閔妃は四十三歳になっていた。この頃閔妃と面談したイザベラ・バードは、王妃の印象を次のように述べている。

王妃はそのとき四〇歳をすぎていたが、ほっそりしたとてもきれいな女性で、つややかな漆黒の髪にとても白い肌をしており、真珠の粉を使っているので肌の白さがいっそう際立っていた。そのまなざしは冷たくて鋭く、概して表情は聡明な人のそれであった。王妃は濃い藍色の紋織り地の、ひだをたっぷりとって丈の長い、とてもゆったりしたハイウエストのスカートと、たっぷりした袖のついた深紅と青の紋織りの胴着という衣装だった。胴着の打ち合わせは衿もとを花型の珊瑚《さんご》の飾りでとめ、六本ある深紅と青の飾りひもをそれぞれ珊瑚の花飾りでとめるようになっており、飾りひもには深紅の絹のふさがついていた。髪飾りは毛皮をまわりにあしらった黒い絹の縁なし帽で、ひたいにかかる部分がとがっており、前部に花をかたどった珊瑚と赤いふさが、また両サイドには宝石の飾りがついている。靴は衣装と同じ紋織りのものだった。話しはじめると、興味のある会話の場合はとくに、王妃の顔は輝き、かぎりなく美しさに近いものを帯びた。（中略）王妃の優雅さと魅力的なものごしや配慮のこもったやさしさ、卓越した知性と気迫、そして通訳を介していても充分に伝わってくる話術の非凡な才に感服した。その政治的な影響力がなみはずれてつよいことや、国王に対してもつよい影響力を行使していること、などなどは驚くまでもなかった。

（『朝鮮紀行』講談社学術文庫）

日本の影響力が後退していく中、万策尽きた日本公使、井上馨は失意のうちに朝鮮を離れる。代わって新しい公使となって赴任してきたのは三浦梧楼だった。三浦は外交官ではなく、退役した陸軍中将であった。

三浦は、日本の外交の失敗の原因はすべて一人の女性、閔妃にあると考えた。そしてこれを物理的に除去しようと画策するのである。

赴任して一月余りの十月八日の夜明け、三浦の指示を受けた日本軍守備隊と朝鮮人の訓練隊が王宮に突入する。驚いた侍衛隊の兵士がこれに銃撃を加えるが、衆寡敵せず、まもなく蹴散らされてしまう。同時に間道を通って王宮に侵入した大陸浪人を中心とする日本の民間人が奥殿に突進する。

景福宮の最北、高宗と閔妃の居所である乾清宮に最初に到達したのは、侍衛隊の抵抗を受けた日本軍守備隊ではなく、民間人のほうだった。

彼らは抜き身の刀を振りかざして乾清宮になだれ込むと、必死になって閔妃を探し回った。何人かの宮女が斬殺され、閔妃をかばった宮内大臣、李耕植《イギョンシク》もこのとき斬り殺される。そして閔妃を惨殺するのである。

九州の櫛田神社に一振りの日本刀が保管されている。鞘には「一瞬電光刺老狐」と記されている。このとき王宮に突入した民間人のひとり、藤勝顕が、閔妃を殺害した刀である、といって奉納したものであるという。

露館播遷

三浦はすべてを朝鮮人の内紛のせいにしようと計画していたが、ずさんな計画はたちまち破綻してしまう。王宮内にいたアメリカ人のダイ将軍と、ロシア人の技師、サバティンが乾清宮の前ですべてを目撃していたのである。またこの日の朝、血刀をさげた異様な風体の男たちが王宮から出ていくところを多くの朝鮮人が目撃していた。

事態を糊塗するのは不可能だった。日本はこの蛮行によって、全世界に大恥をさらすことになったのである。国際的な非難の声に、日本政府はしかたなく三浦らを帰国させ、軍法会議にかける。しかし裁判の結果は、証拠不十分のため全員無罪というものだった。釈放された三浦らの帰還は、まるで凱旋将軍のようであったという。

この事件に日本政府がどれほどかかわっていたか、という点についてははっきりしたことはわからない。金文子は『朝鮮王妃殺害と日本人』(高文研)の中で当時の電信文を仔細に検討し、参謀本部次長として実質的に日清戦争の総指揮をとった川上操六が三浦梧楼の背後にいた可能性がきわめて濃厚であると指摘した。となれば日本政府が直接関与した可能性も否定できないことになる。

閔妃が殺害されたことが広まると、民の憤懣はおさえきれないものとなった。民の怒りは、閔妃を惨殺し国権をないがしろにする日本に対してだけでなく、その日本の庇護のもとに開化政策を続ける金弘集政権へも向けられた。

九六年一月に原州で李春永《イチュニョン》を将として義兵が決起したのをかわきりに、義兵闘争は全国に広がっていく。

義兵闘争で国内が騒然とする中、二月十一日早朝、ふたつの女性用の駕籠《かご》が王宮の門を出ていった。駕籠はまっすぐにロシア公使館に向かった。駕籠に乗っていたのは、国王と王太子だった。待ち構えていたロシア公使館員はすぐさま国王と王太子を迎え入れた。露館播遷《ろかんはせん》である。

国王がロシア公使館に逃亡したというニュースが広まると、漢城は騒然となった。おびただしい群集が、ロシア公使館のある貞洞《チョンドン》や景福宮の正門である光化門前に集まってきた。ロシア公使館にも話を聞いた多くの朝臣が駆けつけてきた。国王はただちに内閣を組織し、開化派内閣の大臣の逮捕を命じた。

景福宮にいた金弘集は国王に会うため、輿に乗って出発した。光化門を出ようとするとき、日本の軍人が輿を引きとめた。

「群集があなたを殺そうとして集まっています。ここは身を避けるべきです。逃げましょう」

金弘集はおだやかな表情でこたえた。

「一国の総理として、同族の手によって死するは天命だ。他国の軍人の手を借りて命を永らえるつもりはない」

光化門を出たところで金弘集は輿から引きずりおろされ、群衆に嬲《なぶ》り殺《ころ》された。群衆は金弘集の死体にまで陵辱を加えたという。

金弘集政権の重鎮であった兪吉濬は露館播遷の直後日本に亡命する。亡命生活は十一年に及んだ。一九〇七年に帰国した兪吉濬は、桂山学校、労働夜学会の設立に参加し、朝鮮語の文法書である『大韓文典』や『労働夜学読本』などを著述し、愛国啓蒙運動に力を注ぐ。一九一〇年の韓国併合後、日本は兪吉濬に男爵を授爵するがこれを拒否、その後は体調を壊したこともあって、社会的な活動からはほとんど隠退する。一九一四年、腎臓病の悪化により死去。何の功績もなかったのだから墓碑は建てるな、というのが遺言だった。

露館播遷によって、甲午改革は無残な最後を迎えた。

以後、ロシア公使館で国王が執務するという変則的な事態が一年ほど続くことになる。

第四章　朝鮮王朝の落日
――併合条約の締結

朝鮮王朝末期の義兵たち　1907 年 8 月，朝鮮軍が解体され，多くの軍人が義兵に加わった

1　国王から皇帝へ――大韓帝国を宣言

光武改革

露館播遷によって朝鮮における日本の影響力は大きく低下し、代わって存在感を増したのはロシアだった。王妃を惨殺するという日本の破廉恥極まりない行動は、外交上の大きな汚点として残ったのである。

一八九七年二月、国王はロシア公使館から王宮に帰還する。その直後から、朝鮮国王は皇帝を名乗るべきである、という議論がもち上がってきた。官民から、「称帝」の上疏が相次ぐのである。

称帝を積極的に後押ししたのはロシアだった。ロシアの同盟国であるフランスもこれに同意した。

朝鮮での影響力の衰えた日本は積極的に関与することはなかった。清はかつての宗主国として朝鮮国王の称帝に反対したが、政治的な影響力を発揮する力は既になかった。

九七年八月、まず年号を建陽から光武と改める。

金弘集内閣は内政改革の一環として太陰暦を太陽暦に改める決定をし、陰暦一八九五年十一月十七日を陽暦一八九六年一月一日とし、それまで清の年号を使用していたのを新たに「建陽」と定めた。当時年号は一世一元と定められたが、その規定を改め、改元したのである。

金弘集内閣による甲午改革が日本の強要によるものであるという認識のもと、この改元には日本からの自立を内外に示すという意味があった。

そして同年十月、国号を大韓帝国と改める。

大韓帝国は皇帝の独裁のもと、積極的な改革を推し進める。この一八九七年から一九〇四年までに行われた一連の改革を、光武改革と呼んでいる。

光武改革の理念は、甲午改革以前の旧法と、甲午改革の新法との折衷「旧本新参」にあった。具体的には、近代的な土地所有制度の確立と地租の安定した確保をめざした量田地契事業、金本位制にもとづく貨幣制度と中央銀行の設立、軍制の改革などを進めていったのだが、その改革はとても成功したと評価できるものではなかった。

光武改革を進めるにしても、まず財政の裏づけがなかった。そのため大韓帝国政府は民衆からの収奪を強化せざるをえなかった。貪官汚吏による苛斂誅求も改まらなかった。つまり甲午農民戦争で農民が要求した弊政改革は、光武改革においても一向に進まなかったのである。

民の怨声は高まるばかりだった。

徐載弼の活躍

ここで、甲申政変によって日本に亡命したが、手のひらをかえしたような日本の冷遇に憤り、アメリカに亡命した徐載弼のその後について語ることにしよう。

英語もろくに話せず、知人もいないアメリカで、徐載弼がはじめて得た仕事は、家具店のポスターを貼る仕事だったという。篤志家の援助もあり、苦学して大学を卒業した徐載弼は、一八九三年、正式に医師免許を得て、医師となる。翌九四年、ミュリエル・アームストロングという女性と出会い、恋におちる。ミュリエルは第十五代大統領ジェームス・

ブキャナンの従姉妹で、父親もまたワシントンの名士のひとりだった。ミュリエルと結婚した徐載弼はワシントンで開業するが、人種差別のため病院経営は苦しかったと伝えられている。

一八九五年、甲午改革政府により甲申政変における罪を許されたのち、朴泳孝のすすめによって朝鮮に戻る。ハワイ、日本を経由して徐載弼が済物浦に上陸したのは、年もおしつまった十二月二十五日だった。

徐載弼は甲申政変の失敗の反省の上に立ち、閣僚に任命するという誘いを断り、朝鮮最初の新聞『独立新聞』を発行する。

徐載弼(1863〜1951)

さらに徐載弼は独立協会を設立し、教育などにも果敢な提言を行い、下からの近代化を進めようとする。

独立協会は九七年八月頃から週に一度公開討論会を開いていった。これが万民共同会という民衆大会に発展していくのである。討論会を通じて、独立協会は特に、列強への利権譲渡に反対する運動に力を注ぐようになった。

九八年三月には数万人が結集する万民共同会を開催し、ロシア人財政・軍事顧問の解雇を要求し、政府がそれに屈するまでに運動は発展する。さらには日本による絶影島《チョルヨン》租借要求を撤回させもした。

しかし朝鮮の旧勢力、および朝鮮での影響力を強化しようとする列強にとって、徐載弼の存在は目の上のこぶのようなものだった。外臣と称し、高宗の前でも平気で煙草を吸うような米国式の所作も、旧勢力の反感を買った。

ついに一八九八年五月、日本、清、ロシアおよび旧勢力の圧力によって米国へ戻らざるをえなくなる。

その後は米国で独立運動を続けた。独立運動に財産をすべて費やしてしまったため、破産の危機に見舞われたこともあったという。

独立協会

徐載弼がアメリカに戻ってからも、独立協会は粘り強く活動を続けた。九八年十月に開かれた万民共同会では、改革の原則を示した献議六条が採択され、内閣がこれを受け入れるまでにいたった。

しかし独立協会が議会設立までも要求するようになると、政府はこれに弾圧を加えるようになる。

九八年十一月、政府は独立協会に解散を命じる。しかし協会の急進派は万国共同会を開催し、抵抗を続けた。

十二月、政府は軍隊を投入して万国共同会を強制解散させる。

独立協会の活動はここに終焉を迎えるが、その活動はのちの愛国啓蒙運動に引き継がれることになる。

2　日本の朝鮮支配への道――日露戦争から保護条約へ

中立化への努力

内外に不安を抱えながら、大韓帝国は独立を維持するために必死の努力を続ける。一九〇〇年の義和団戦争以後、日本とロシアの対立が現実のものとなっていくと、高宗は大韓帝国の中立化を模索する。

朝鮮半島中立化論は一八八〇年代から、たとえば兪吉濬などによって唱えられてきたが、具体的な動きがみられるのは大韓帝国が成立して以後である。

だいたい一八九八年頃には、高宗と中心とする大韓帝国の首脳は、大韓帝国の独立を維持するためにはヨーロッパにおけるスイスやベルギーのように、列強の保障による永世中立国とならなければならない、という認識に達したと思われる。

一八九九年四月、休暇のため一時帰国するアメリカ公使アレンに、高宗は大韓帝国の領土保全と中立化のための周旋を依頼する信書を託す。国王の念頭には、一八八二年に締結した修好通商条約の第一条の周旋条項があったに違いない。

しかしアメリカ大統領マッキンリーはこれを拒否した。それでも高宗はあきらめず、信任していた重臣、趙秉式《チョビョンシク》を日本に派遣して中立化の実現を追求させるが、これも失敗に終わる。

それ以後も高宗は密使を派遣し秘密外交を展開するが、列強の反応は冷たかった。

一九〇四年一月、日本とロシアの開戦が目前に迫る中、大韓帝国は局外中立を宣言する。しかし日本はこれを無視し、大軍を朝鮮に送り込み、軍事的な圧力のもとで日韓議定書の調印を強要した。これにより大韓帝国は無条件で日本軍に協力することを強制されることになったのである。

日露戦争

一九〇四年二月八日、仁川沖で遭遇した日本とロシアの艦隊が交戦し、同日、日本の艦隊が旅順港封鎖作戦を開始する。そして二月十日、日本はロシアに宣戦を布告する。

日本の軍令部は、満州中部での大会戦によって短期に決着をつける腹づもりだった。し

1904年9月21日，軍用鉄道妨害の罪で，日本の軍律により，金聖三《キムソンサム》，李春勤《イチュングン》，安順瑞《アンスンソ》が銃殺に処された

かしこれはあまりにも楽観的な予想であり、激戦はおびただしい死傷者を出しながら一年以上も続く。

韓国内では日韓議定書にもとづき、鉄道用地、軍要地収容が強制的に行われていた。日本軍は必要以上の土地を収用し、数ヵ月後にそれらの土地は日本人の建設業者や商人に払い下げられていく。その上で日本人居留民社会が驚くべきはやさで膨らんでいった。

さらに鉄道敷設、道路建設のために強行された過酷な徴用が朝鮮人の怨嗟《えんさ》の的となった。民衆は日本の暴虐に対して、積極的、消極的に抵抗した。とりわけ軍用電線の切断に日本軍は苦しんだ。そこで日本軍は民衆に対して軍律を適用し、徹底的に弾圧した。軍用電線や軍用鉄道に害を加えた者に対しては、見せしめのため公開処刑まで行ったのである。また北部地域では、ロシアの貨幣を持っているだけでスパイとして処刑される者もいた。

一九〇五年一月、日本軍はおびただしい死者を出しながらも、旅順要塞を攻略する。そして三月、奉天のロシア軍に対して包囲攻撃を開始する。激戦が続く中、三月九日、ロシア軍は突然撤退をはじめる。膨大な死傷者を出し、弾薬も尽きた日本軍は、悠々と北へ退却するロシア軍を追撃する余力も残っていなかった。奉天を攻略するという戦略目的を達成した日本の勝利ではあったが、ロシア軍が壊滅したわけではなかった。

五月二十七日、七ヵ月に及ぶ大航海の末日本近海にたどりついたロシアのバルチック艦隊は日本の連合艦隊と激突するが、艦船の大半を失うという惨敗を喫してしまう。

ロシア本国では第一次ロシア革命が進行しており、ロシア政府としてはそれ以上日本と戦争を続けることは事実上不可能だった。日本もまた、それまでの戦闘に国力を使い果たし、戦争継続が難しい状況だった。そのため両国はアメリカのセオドア・ルーズベルト大統領の斡旋を受け入れ、ポーツマスで講和条約を締結する。

講和条約には、朝鮮半島における日本の優越権を認める、という項目があった。

竹島——独島

ここで少し話題をかえ、日本海の岩礁について延べることにする。

隠岐から北西に船を乗り出すと、やがて海抜百六十八メートルの奇岩が眼前にあらわれる。大小二つの岩礁を中心に、いくつもの岩が海面上に顔を出している。周囲は断崖絶壁に囲まれ、暗礁も多く、容易に人を寄せつけようとはしないが、晴天に恵まれれば、その頂上から遠く西の方に鬱陵島《ウルルン》を望むことができる。

飲料水の確保も容易ではなく、長らく人の住むこともなかったこの岩礁が、日本と韓国の紛争の種となって久しい。現在この岩礁は、日本では竹島、韓国では独島《ドクト》と呼ばれている。

日本でアンケート調査をしたところ、八割以上の回答者が竹島は日本の領土であるとこたえたという報道を目にしたことがある。しかしこの岩礁が日本の領土に編入されたのが、この年、一九〇五年であることを知っている人は多くはない。

また、韓国で同様の調査をしたら、もっと高い数値が出ると思われる。歴代韓国政府が国民の不満をそらすためこの竹島＝独島問題を取り上げてきた、という事情があるからだ。現在韓国では、この竹島＝独島は日本の植民地統治の象徴のように受け取られている。領土問題が絡むと、盲目的なナショナリズムが噴出するのが常だ。しかし、盲目的なナショナリズムほど始末に負えない代物もない。

人が住むのには不適で、特別な資源もない小さな岩礁をめぐって日本と韓国が対立している図は、滑稽でもある。ほとんどの日本人や韓国人にとって、この岩礁がどちらの領有となったとしても、利害得失は無いに等しい。

近代国家が成立するようになって、地球上のすべての土地はどこかの国家が領有することとなった。無人の岩礁であっても、ひとたびそれを領有すれば周囲の広大な海域を領海とすることができるというルールが、この岩礁の領有権をめぐる争いをさらに深刻なものにしている。

領土をめぐる争いといえば、二十世紀の最新兵器を用いて行われた十九世紀型の領土争奪戦として名高いフォークランド戦争が記憶に新しい。

アルゼンチンではマルビナス諸島と呼ばれているこの島々は、アルゼンチンの沖合約五百キロメートルの大西洋上に位置している。第二次世界大戦後、アルゼンチンは国連を通してイギリス領であったフォークランド諸島の返還を要求した。イギリスもまた経済的価値に乏しいこの島々の返還を条件付きながら了承したが、アルゼンチンが無条件返還にこだわったため、交渉は難航した。

一九八〇年代に入り、アルゼンチンの軍事政権を引き継いだガルティエリ将軍は、生活苦に喘ぐ国民の目をそらすため、実力行使をほのめかすようになった。同時に、国民の支持を失いつつあったイギリスのサッチャー首相がそれまでの立場を一転し、条件付き返還を拒絶した。

アルゼンチンの世論は沸騰し、政府がやらないのなら国民が義勇軍を編成して実力行使をするというような動きまで見えるようになった。そして一九八二年四月、ついにアルゼンチンの正規軍がフォークランド諸島に上陸し、占領してしまったのである。

サッチャーは直ちに空母を中心とする大艦隊の派遣を決定した。

イギリス艦隊は、フランス製の空対艦ミサイル、エグゾセの攻撃などにより、何隻も新鋭艦を撃沈された。上陸してからも重機関銃Ｍ２の狙撃に苦しめられ、敵陣にたどりつくまでに多くの犠牲を払わなければならなかった。イギリス海兵隊にとってはまさに地獄の戦場だったという。

それでも地力に勝るイギリス軍はアルゼンチン軍を圧倒し、六月十四日、アルゼンチン軍は降伏する。

敗れたガルティエリ将軍は失脚し、勝利したサッチャーは国民の圧倒的な支持を得た。そしてフランスの死の商人が売り上げを伸ばした。

しかし勝利したといっても、イギリス市民にとって得たものは何もなかった。イギリス本島から一万キロメートル以上離れた小島の領有権がどうなろうとも、市民生活には何の影響もない。アルゼンチンの市民にとっても、その事情は変わらない。一体何のために、おびただしい若者の命が失われなければならなかったのか、暗澹たる思いにかられる。

この戦争で利益を得た者はいる。しかしそれは、命を的に戦った若者や、その家族ではない。

領土問題を騒ぎ立て、ナショナリズムをあおる輩に対しては注意する必要がある、というのがこの戦争の苦い教訓であるようだ。

話を竹島=独島に戻そう。日本政府も韓国政府もこの岩礁を「固有の領土」であると宣言しているが、歴史的にみてこれらの見解が妥当かどうか、検討してみることにする。

高麗時代に編纂された『三国史記』や『三国遺事』に、新羅《しらぎ》が鬱陵島を中心とする于山《ウサン》国を服属させたという記事がある。于山国の実態については史料が乏しく、明らかでない点が多いが、「国」を称するほどの力をもっていた鬱陵島の海人《あまびと》が、晴れた日には望見できるこの岩礁を知らなかったと考えることはできない。鬱陵島からこの岩礁までは約九〇キロメートル、海人にとっては指呼の距離だ。この岩礁の近くには潮目があり、良い漁場となっている。鬱陵島の海人がこの岩礁の周囲に出漁し、また遠く日本や沿海州へ航海するときの目印として利用してきたことは想像に難くない。

同時に、隠岐の海人もまたこの岩礁のことを熟知していたであろう。縄文時代に隠岐で掘り出された黒曜石が沿海州で発見されている。これは、古代から海人の交流が盛んであったことの証拠でもある。有史以前から大海を漕ぎ渡ってきた隠岐の海人がこの岩礁を知らなかったとは思えない。

日本海沿岸というと、うらさびれた寒村をイメージしたりすることが多いようだが、古代から近世にいたる歴史を見れば、日本海沿岸こそが大陸に開かれた表玄関であることがわかる。

ここで鬱陵島の海人とか隠岐の海人というような表現を使ったが、海の民が本来鬱陵島とか隠岐とか、あるいは日本とか朝鮮というような区分を超越した存在であったことは言うまでもない。

時代は下るが、南北朝時代、伯耆国《ほうきのくに》に名和長年《なわながとし》という海の悪党がいた。後醍醐帝が隠岐に流される、という事件が起こらなければ歴史の表舞台に立つことはなかったと思われる一地方豪族だが、その財力は侮れないものがあったらしい。『太平記』によると、後醍醐帝を擁して船上山に籠もった名和長年が「船上山に兵粮を運び込んだ者には銭五百を与える」と布告するや、一夜にして五千余石の兵粮が集まったという。

どのようにしてそれだけの財産を築いたのかははっきりしていない。鰯漁で儲けたという説や、海運で蓄財したという説がある。いずれにせよ、伯耆に名和長年のような海の豪族がいたというのは間違いのない事実だ。

これほどの力をもっていた名和一族が、この岩礁について知らなかったとは思えない。国際貿易を独占しようとしていた鎌倉幕府に対抗して、独自の交易路をもっていた可能性もある。

あるいは北条に叛旗をひるがえした動機の一つに、国際貿易の問題があったのかもしれない。この場合、伯耆から隠岐、竹島＝独島、鬱陵島を経て朝鮮半島にいたる航路があった可能性も充分にある。

女星《にょぼし》の消えた海にあらわれる岩礁として、伯耆や隠岐の海人の間では語り継がれたであろう。

しかし、日本に成立した国家も、朝鮮半島に成立した国家も農本主義を基礎としていたので、中央の知識人にとって海人は蔑まれる民であった。海人もまた「上無し」を生き、中央政府などは無視する剛胆さをもちあわせていた。そのため、海人の常識は中央の常識とはならなかった。

この岩礁についての具体的な記述が史料の上にあらわれるのは、日本では江戸時代、朝鮮では朝鮮王朝が成立して以後のことになる。

元禄時代、松の廊下の刃傷事件が起こる十年ほど前、鬱陵島の領有権をめぐって江戸幕府と朝鮮王朝との間で交渉が行われた。このころ日本では鬱陵島を竹島、竹島＝独島を松島と呼んでいたので、この一連の交渉は「竹島一件」と呼ばれている。

当時朝鮮王朝は鬱陵島に対して「空島政策」をとっていた。倭寇の襲撃を防ぐことができないという理由で、鬱陵島での居住を禁じていたのである。しかしそのような禁止令に諾々と従うほど海人は素直ではない。その後も鬱陵島に渡航する海人は絶えることはなかった。

一方、日本の海人も鬱陵島近海に出漁し、また良質な竹を産する鬱陵島に上陸して竹を伐採したりしていた。そして一六九三年、鬱陵島に出漁した日本の海人が朝鮮の海人二人を連行するという事件が起こり、これを契機として江戸幕府と朝鮮王朝の間で三年にわたる交渉が行われる。

はじめ江戸幕府は対馬藩を通じ、竹島(鬱陵島)は日本領なので朝鮮人の来島を禁止してほしい、と朝鮮王朝に訴えた。これに対して朝鮮王朝は「現在空島政策をとっているが、鬱陵島は朝鮮領であり、朝鮮の人民が出漁、木材の伐採などを行っている。このことは日本人もよく承知しているはずである」との回答を送ってきた。

　これをうけて江戸幕府は本格的な検討を始め、鳥取藩に対して「いつから竹島（鬱陵島）は鳥取藩に属しているのか」「竹島（鬱陵島）以外に島があるのか」などを含む十七条の質問書を送付した。鳥取藩の回答は「竹島（鬱陵島）は因幡、伯耆に付属する島ではない」「竹島（鬱陵島）、松島（現竹島＝独島）その他は両国に付属する島ではない」というものだった。

　幕府内では、歴史的に見て竹島（鬱陵島）が朝鮮領であることは間違いないが、朝鮮政府が空島政策をとっている以上日本が領有してもかまわない、という意見と、空島政策をとっていたとしても朝鮮領であることに異議をさしはさむ余地はない、という意見が対立したが、次第に後者が優勢となった。

　そして江戸幕府が、日本人の竹島（鬱陵島）への渡航を禁止した旨を朝鮮王朝に伝え「竹島一件」は落着した。

　このとき、江戸幕府も朝鮮王朝も松島（竹島＝独島）については具体的に言及していない。竹島（鬱陵島）と違い、人が住むのに適さない松島（竹島＝独島）について言及する必要を双方とも感じなかったようだ。また当時、松島（竹島＝独島）は竹島（鬱陵島）の属島であるという認識があったことも影響したと思われる。

その後、朝鮮王朝の空島政策は継続するが、鬱陵島への渡航が止むことはなかった。また江戸幕府が竹島（鬱陵島）への渡航を禁じたにもかかわらず、日本の海人の渡航もまた繰り返された。竹島（鬱陵島）を舞台とした密貿易事件などが発生している。

明治に入り、島根県が地籍編纂のため竹島（鬱陵島）、松島（竹島＝独島）をどうすべきか太政官に問い合わせた。これを受けて明治政府は江戸幕府の史料などを検討し、一八七七年三月二十九日、「日本海内竹島外《ほか》一島を版図外と定む」という太政官指令を内務省に伝達した。この場合「竹島」が鬱陵島であり、「外一島」が竹島（独島）であることは添付された書類からはっきりとしている。

明治政府の最高行政機関である太政官が正式に、竹島（鬱陵島）、松島（竹島＝独島）は日本の領土ではないと認めたのである。

ところが一九〇五年になって、日本政府は突然竹島（独島）を島根県に編入してしまう。

日本政府は閣議決定で、この「無人島ハ他国ニ於テ之ヲ占領シタリト認ムヘキ形跡ナク」、明治三十六年より中井養三郎なる者が移住した事実があるので、「国際法上占領ノ事実アルモノト認メ」、該島を「竹島」と命名して「之ヲ本邦所属トシ島根県所属隠岐島司ノ所管ト為シ」たのである。

つまりこの岩礁を「無主」の島と認定したのだが、これは外務省の主張する「我が国固有の領土」という主張と矛盾する。外務省もこの点に気づいているらしく、「それ以前に、日本が竹島を領有していなかったこと、ましてや他国が竹島を領有していたことを示すものではなく」というような苦しい言い訳を付け加えている。

そもそも竹島という命名そのものが、この岩礁が「日本固有の領土」でなかったことを示している。少なくとも元禄時代まで、日本の海人はこの岩礁を松島と呼んでいた。それから数百年の年月が過ぎ、松島という名も忘却の彼方に消えていったらしい。

鬱陵島は良質の竹を産出する。そのため日本の海人は鬱陵島を竹島と呼んでいた。しかし竹島＝独島は、竹も松も生えない岩礁である。これを竹島と呼ぶ必然性はない。日本の海人がこの岩礁を松島と呼んでいたのは、竹島の属島であるという認識があったからだと思われる。

しかし外務省の官僚はそのあたりを確認することもなく、竹島とあやまって命名してしまったのだ。

中井の移住も、その実態はアシカ猟のための仮小屋を設けたに過ぎず、とても「占領」といいうるものではなかった。何よりも、これまでの竹島(独島)は鬱陵島の属島であり、日本の領土ではないという認識を覆す強引な決定であった点に問題がある。

また「当時、新聞にも掲載され、秘密裡に行われたものではない」ともう一つ苦しい言い訳を添付しているが、実際には政府の訓令を受けた島根県が告示で公表したに過ぎず、新聞に掲載されたといっても地方新聞に「隠岐の新島」というタイトルでわずか六行の記事が載っただけであり、日本人の大半もこの決定に注目することはなかった。

根本的な問題は、外務省が意図的に言及を避けた部分にある。

竹島(独島)の領有を強硬に主張したのは海軍だった。日露戦争が進んでいる中、日本が領土獲得を欲していると列強に見られるのは得策ではないという理由で政府が慎重論を唱えたにもかかわらず、軍事的な理由から海軍が押し切ったのである。

領有直後、海軍は竹島(独島)にロシア艦隊を監視する望楼を建設した。

いずれにせよ、竹島(独島)の領有宣言は、日露戦争のさなか、火事場泥棒のようになされたのである。

尖閣列島の領有宣言が一八九五年であり、竹島のそれが一九〇五年である意味を、深く考える必要がある。この二つが問題となっている背景には、日本の歴史認識の問題があるのだ。つまり近代日本の責任を明確にすることが、問題を解決する必要条件となるのである。

国際法による解決、というのであれば、これらの島々をどちらかの国家が領有する、というかたちをとることになる。そこに「狼の原理」を基礎とした現在の国際法の限界がある。

理想を言えば、古来の海の慣習にもとづく解決だ。海洋生物の多様性を守るという制限を定め、それ以外は何千年前からそうであったように、周辺の海人が自由に漁労に従事できるようにすればいい。海底の資源については共同開発というかたちが望ましい。

しかし、繰り返しになるが、日本が歴史認識を改めることが解決の前提なのである。

保護条約

ポーツマス条約の調印から二ヵ月、一九〇五年十一月、韓国皇室御慰問の名目で伊藤博文が漢城に向かう。日清戦争で清を、日露戦争でロシアを排除した日本は、なにはばかることなく朝鮮の植民地化を進めるのである。

王宮に入った伊藤博文は、外交権の委譲を含む保護条約の締結を大韓帝国皇帝、高宗に強要する。高宗は病身であったが、三時間半にわたってそれまでの日本の政策を非難し、条約の締結は拒否した。伊藤は、いたずらに決定を延期すれば韓国にとって不利益になる、と脅迫したが、高宗はうなずかなかった。

翌十一月十六日、伊藤は諸大臣を招集する。

王宮は憲兵隊と警察によって幾重にも包囲され、威圧的な雰囲気をかもしだしていた。伊藤が諸大臣に保護条約の締結を強要する。諸大臣ははじめ保護条約に反対を表明していたが、軍事力を背景に伊藤が威嚇すると、大臣たちはひとり、ふたりと陥落していった。

しかし宰相である参政大臣、韓圭卨《ハンギュソル》は最後まで拒否を貫いた。

結局、条約の署名捺印は参政大臣ではなく外部大臣の朴斉純《パクチェスン》が行うことになった。捺印に必要な邸璽《ていじ》がないので、日本人の外交官が憲兵を引き連れて外部大臣官邸に行き強奪してくるという一場面もあった。調印が終了したのは夜中の一時半だった。

およそ国際条約を締結する場面とは思えない異様な風景である。

この乙巳《いっし》保護条約によって大韓帝国は外交権を喪失し、日本の保護国となった。このとき条約に調印した李完用《イワニョン》、李址鎔《イジヨン》、李根沢《イグンテク》、権重顕《クォンジュンヒョン》、朴斉純の五人の大臣はのちに乙巳五賊と呼ばれ、歴史に汚名を残すことになる。

漢城は騒然となった。

二十日、『皇城新聞』社長の張志淵《チャンジヨン》が「是日也放声大哭」を発表する。

（前略）我が大皇帝陛下の強硬なる聖意は拒絶にあられたのであるから、条約が成立していないことは伊藤侯も知っておろう。しかし、嗚呼《ああ》、かの豚や犬にも劣る、いわゆる我が政府の大臣なる者が、おのれの地位と利を守るため、脅迫に屈しぶるぶる震えながら、売国の賊となるを甘んじるとは。嗚呼、四千年の国土と五百年の宗社を他人にささげ、二千万の人民を他人の奴隷にしてしまうとは。豚や犬にも劣る外部大臣朴斉純やその他の大臣は責めるにも値しない輩だが、参政大臣を名乗る男は政府の首班でありながらただ否と言うばかり、それで責任をまっとうし名を残そうとするのか。金清陰《キムチョンウン》のように降伏文書を引き裂いて慟哭することもできず、鄭桐渓《チョンドンゲ》のように腹を切ることもできないまま生き残るとは。何の面目あって強硬に拒絶なされた皇上陛下にお目にかかるつもりか。何の面目あって二千万同胞に向かいあうつもりか。

嗚呼、痛恨の極み、嗚呼、憤ろしい。我が二千万同胞よ、生か、死か、檀君、箕子以来四千年の国民精神が一夜にして滅びてしまったのだ。痛憤なり。痛憤なり。同胞よ、同胞よ。（金清陰、鄭桐渓は一六三六〜三七年の丙子胡乱のときの人。仁祖の降伏を痛憤した忠臣。『皇城新聞』一九〇五年十一月二十日二面社説欄）

紙面はすぐに差し押さえられ、『皇城新聞』は停刊処分となったが、続いて『大韓毎日申報』が乙巳保護条約締結の過程を詳細に報道し、条約の無効を全世界に訴えた。『大韓毎日申報』の発行人はイギリス人ジャーナリスト、アーネスト・トマス・ベセルであり、治外法権で守られているため、日本政府としてもすぐに手出しをすることはできなかった。

鍾路商人は撤市《てっし》（ストライキ）を行い、条約破棄を訴えた。反対の上疏が相次ぐ。保護条約の無効を訴え、抗議の自決をする者も続出した。高宗は密使外交によって保護条約の無効を全世界に訴えた。

特に高宗が期待をかけていたのがアメリカだった。二十三年前、アメリカとの間で結んだ修好通商条約の第一条には「第三国が締約国の一方を抑圧的に扱う時、締約国の他方は、事態の通知をうけて、円満な解決のため周旋を行なう」という規定があった。保護条約の強要は「第三国が締約国の一方を抑圧的に扱う時」にあたるからだ。

しかし桂・タフト協定によって、アメリカがフィリピンを、日本が朝鮮をその影響下におくことを互いに認めあう約束をしたアメリカは、高宗の密使を無視した。

高宗はさらにロシア、フランス、ドイツなどにも密使を派遣したが、効果はなかった。

そして一九〇七年、オランダで開かれたハーグ万国平和会議に李相卨《イサンソル》、李儁《イジュン》、李瑋鍾《イウィジョン》を派遣した。密使は平和会議への出席を求めたが、これは拒否された。しかしジャーナリストが集まる国際協会での発言が許可され、李瑋鍾が日本の非道を告発し、保護条約の無効を訴えた。

ハーグへの密使派遣の事実を知った伊藤博文は激怒し、高宗に譲位を迫る。そして同年七月、高宗は退位し、皇太子が帝位についた。

3　抵抗する朝鮮の人々――愛国啓蒙運動と義兵運動

義兵闘争

保護条約締結直後から、全国に義兵闘争が広がっていった。

これまでも幾度か反日義兵闘争の盛り上がりがあったが、このときの義兵闘争はこれまでのそれとは質・量ともに異なり、義兵戦争というべき規模であった。

またこのときの義兵闘争の特徴として、両班、儒生以外の義兵将が輩出した点もあげられる。もちろん義兵将として立ち上がった両班、儒生も多かったが、農民や軍人、そして賤民出身の義兵将も多くみられた。

最初の平民出身の義兵将と言われているのは申乭石《シンドルソク》だ。申乭石は一八九六年、王妃が日本人に虐殺されたという報に接し、慶尚北道盈徳《ヨンドク》で兵を挙げる。まだ十九歳の若さだった。申乭石は慶尚道の沿岸一帯を転戦し、同じく慶尚道出身で京畿道一帯で活躍していた義兵将、金河洛《キムハラク》の部隊と合流する。ところがその金河洛が日本軍との戦いで重傷を負い、「倭奴に捕まって辱められるぐらいなら、魚腹の中の壮士となろう」と言って川で投身自殺するに及び、義兵を解散し、申乭石も村に戻った。

そして一九〇五年、乙巳保護条約の締結を知り、再び兵を挙げる。江原道、慶尚道一帯を暴れまわった申乭石は「太白山の虎」と呼ばれ、その神出鬼没の活躍は数々の伝説を生み出す。

しかし一九〇八年、仲間の裏切りにより暗殺されてしまう。

日本軍は拡大する義兵闘争に対し、徹底的な弾圧を加えた。義兵に協力したとみられた村は焼き討ちにあい、村民は虐殺された。

『ロンドン・デイリー・メール』の特派員として漢城にいたマッケンジーは、はじめ日本軍の蛮行の話を聞いても、信じられないと思っていた。ところが義兵闘争の実態を知るべく取材旅行に出たマッケンジーが目にしたものは、焼き払われ、徹底的に破壊された村の廃墟だった。

たとえば堤川《チェチョン》は人口二千から三千の、高い山々に囲まれた美しいたたずまいの地方都市だったが、マッケンジーが見たのは灰の山だった。一月前まではにぎやかな町だったのに、完全な壁ひとつ、柱ひとつ、味噌甕ひとつも残っていなかったという。

堤川はひとつの例に過ぎない。マッケンジーは廃墟となった町を目撃し、おびただしい住民虐殺と女性への陵辱の話を直接聞いた。

さらに奥地へ行ったマッケンジーは義兵と接触をする。


私は、彼らの持っている銃を見せてもらった。六人の者がそれぞれちがった五種類の武器を持っていたが、その一つとしてろくなものはなかった。一人は、もっとも古い型の火縄銃として知られている昔の朝鮮の先込め銃を誇らしげに持っていた。その男の腕には、導火線としての火縄が巻きつけられており、前の方には火薬袋と装塡用の弾丸袋がさげられていた。私はあとで知ったのだが、この先込め銃が普通に使われている武器であったのだ。銃に火薬をつめるために使う込め矢は、自分の家で木をけずって作ったものであった。銃身は錆びていた。銃の背負い革はなくて、代わりに木綿の紐がついているだけであった。

第二の男は古い朝鮮軍の銃を持っていたが、まったく旧式で、その時代の悪い見本みたいなしろものであった。第三の男もまた同じであった。もう一人は、ちっぽけな先込め銃を持っていたが、それは、父親が、可愛がっている十歳くらいの子供にやるような、無害なことうけあいというしろものであった。さらにもう一人の男は、馬上用の拳銃を持ち小銃弾倉をつけていた。三丁の銃には中国のマークがついていた。それらの銃はいずれも、古錆がついて腐蝕したものであった。

これらの人たちが、まさか、数週間もの間日本軍に抗戦することを宣言して来た人たちであるとは！　今にも、日本の正規軍一個師団が、この人たちとその戦友たちを、包囲せん滅しようと作戦行動を展開しているのだ。（『朝鮮の悲劇』平凡社東洋文庫）

マッケンジーは義兵のひとりとの会話を次のように記している。

彼は、自分たちの前途が必ずしも明るいものでないことを認めた。「われわれは死ぬほかはないでしょう、結構、それでいい、日本の奴隷として生きるよりは、自由な人間として死ぬ方がよっぽどいい」。彼はそう言った。（同前）

義兵たちは、お金はいくらかかってもいいから武器を供給してほしいとマッケンジーに頼むが、一介のジャーナリストにしか過ぎないマッケンジーにはどうすることもできなかった。このときマッケンジーが写した写真は、義兵の実態を知る上で非常に貴重なものとなっている(扉の写真)。

日本軍は村を焼き、良民への虐殺を続けながら、義兵を徹底的に弾圧していった。日本軍の公式発表によっても一九〇六年から一一年までに日本軍が殺戮した義兵は一万八千人近くになる。実際はこれよりもはるかに多いものと思われる。

一九〇九年頃までに、国内での義兵はほとんど息の根を止められる。以後、義兵は国境を越え、満州で朝鮮独立軍となっていく。

一九〇九年十月二十六日、ハルビン駅頭で安重根《アンジュングン》が伊藤博文を射殺する。安重根もまた義兵に参加していたが挫折し、その闘争の延長として伊藤を撃ったのである。

安重根は検察官の問いにこたえ、伊藤の罪を十五項目あげている。その第一項は閔妃殺害だった。保護条約の強要、韓国皇帝の廃位、韓国軍隊の解散、利権の奪取などに続いて、義兵の蜂起に対して良民を多数虐殺した点をあげている。
堺利彦とともに『平民新聞』を創刊して日露戦争に反対する論陣を張り、その後獄中でクロポトキンを知りアナキズムに傾斜していった幸徳秋水は、安重根の肖像画が描かれた絵葉書に次のような詩を記した。

舎生取義　生をすて義を取り
殺身成仁　身を殺して仁を成す
安君一挙　安君の一挙
天地皆震　天地、皆震わす

ちなみに「舎生取義」は『孟子』、「殺身成仁」は『論語』の言葉である。

愛国啓蒙運動

義兵闘争とならんで、言論、出版、教育、民族産業育成などの活動を通じて国権回復を実現しようとする愛国啓蒙運動が展開された。さらに一九〇七年、安昌浩《アンチャンホ》らによって秘密結社、新民会が結成された。

言論で気を吐いたのが『大韓毎日申報』だった。

発行人のベセルは一八七二年にイギリスのブリストルで生まれ、十六歳のときに来日し、以後三十二歳まで日本で貿易商として暮らしていた。一九〇四年、日露戦争が勃発すると『ロンドン・デイリー・ニューズ』の特派員として漢城に向かう。ベセルと面会した高宗は、ベセルに裵説《ベソル》という韓国名を与え、さまざまな便宜を図った。日本の帝国主義的な振る舞いに苦しめられる朝鮮の現実を目にしたベセルは、梁起《ヤンギ》鐸《タク》とともに『大韓毎日申報』を発行し、日本の不当な支配に対する論陣を展開する。

治外法権によって検閲をまぬがれていた『大韓毎日申報』を廃刊に追い込むため、日本政府はイギリスに圧力をかける。このためベセルは二度にわたって駐韓イギリス総領事による領事裁判に付され、韓国内に適当な監獄がなかったので上海のイギリス領事館の拘置所に三週間収容されてしまう。

釈放後漢城に戻り、新聞の発行を続けるが、強いブランデーと煙草を愛したベセルは、裁判のストレスもあり、一九〇九年五月、結核で死亡する。死に臨んでベセルは梁起鐸の手を握り「ぼくが死んでも『申報』を守り、韓国の同胞を救ってくれ」と遺言したと伝えられている。

『大韓毎日申報』の主筆としても活躍した朴殷植《パクウンシク》、申采浩《シンチェホ》は徹底した独立論者として知られている。

朴殷植は一八五九年の生まれで、若くして儒学を修め、また丁若鏞に心酔したと伝えられている。韓国併合後の一九一一年、韓国国内での活動を断念し、中国へ亡命する。一九一五年、亡命地で執筆した『韓国痛史』を出版する。『韓国痛史』は中国やロシアの亡命韓国人の間で広く読まれ、彼らを勇気づけた。

さらに一九一九年の三・一運動を経験した朴殷植は『韓国独立運動之血史』を出版する。一九二五年、大韓民国臨時政府の第二代大統領に選出されるが、同年十一月、持病の咽頭炎の悪化により死去する。享年六十六歳であった。

一八八〇年生まれの申采浩は、九歳で『資治通鑑《しじつがん》』を学び、十四歳で四書五経を終了するなど、神童と呼ばれた。少年時代は『三国志』と『水滸伝』を愛読していたという。

十九歳のとき朝鮮王朝の最高学府である成均館に入学し、一九〇五年、成均館博士に任命されるが、翌日辞職し、啓蒙運動に身を投じる。このころ張志淵に見出され、『皇城新聞』の論説委員になる。

一九〇五年、乙巳保護条約締結の報に接し、張志淵の「是日也放声大哭」の執筆を助ける。その後この事件により『皇城新聞』が停刊となると、朴殷植と入れ替わって『大韓毎日申報』の主筆となった。

若き申采浩の目の前にあった現実は「優勝劣敗」「適者生存」「弱肉強食」という言説をもっておのれを正当化する帝国主義の侵略だった。当時はダーウィンの進化論を曲解した俗流ダーウィン主義による社会進化論が論壇を圧倒していた。科学的な方法論によって論理を展開しようと努力していた申采浩は、儒教の王道から離れ、朝鮮は弱肉強食の世界を生き抜く強国とならねばならないと主張する。

一九一〇年、中国に亡命、赤貧洗うが如き生活の中で独立運動に参加しながら、満州各地に残る朝鮮古代史の遺跡を探訪し、朝鮮史の研究を続ける。申采浩は国が滅んでも魂が残っていれば捲土重来《けんどちょうらい》は可能だと考えていた。魂とは、民族の歴史だった。『朝鮮上古史』

『乙支文徳伝』『李舜臣伝』などの著作を通じて、力強い朝鮮像を描き出していく。

同時に、共産主義やアナキズムの文献に接するようになる。一九二一年には自ら編集者をつとめる雑誌『天鼓《チョンゴ》』にクロポトキンの追悼文を発表している。

クロポトキンは『相互扶助論』でダーウィンの進化論を批判し、生物の助け合いの精神――相互扶助――こそが生物進化の根源であると主張した。相互扶助の理論は儒教の四端――仁義礼智――に通じる。そのため東アジアのアナキズムにおいて、クロポトキンはバクーニンやプルードンよりも大きな影響与えることになった。

二十世紀のはじめの段階で、俗流ダーウィン主義による社会進化論は科学的根拠のないトンデモ理論として完全に否定された。そしてDNAの発見によってクロポトキンの相互扶助論も否定される。自己犠牲をいとわないDNAは子孫を残すことができず淘汰されてしまうからである。しかしダーウィンの進化論はそんな単純なものではなかった。二十世紀後半、ゲーム理論や複雑系の発見、あるいは誤解を招きやすい用

申采浩(1880～1936)

語ながらドーキンスのいう「利己的な遺伝子」の理論などによって、仁(惻隠の心)や義(羞悪の心)が進化の中で生成されていく構造が明らかになり、現在クロポトキンの説や四端説が再び注目されつつある。

中采浩はクロポトキンを通じてアナキズムに傾斜していく。また幸徳秋水を高く評価し、その絶筆である『基督抹殺論』を漢訳している。

一九二三年、金元鳳《キムウォンボン》の依頼を受け、義烈団(金元鳳を団長として一九一一年に結成された武装独立運動団体で、当時は上海のフランス租界を拠点として活動していた)の宣言である「朝鮮革命宣言」を執筆する。

1 朝鮮革命宣言

強盗日本はわが国号を消し、わが政権を奪い、わが生存の必要条件をすべて剝奪した。経済の生命である山林、河川、鉄道、鉱山、漁場、さらには小工業の原料にいたるまですべて強奪し、一切の生産機能を剣で切り裂き、斧で打ち砕き、土地税、家屋税、人頭税、家畜税、百一税、地方税、酒草税、肥料税、種子税、営業税、清潔税、所得税——その他各種の雑税を毎日のように新設し、血の最後の一滴まで絞り取る。それなりの規模を有する商家も日本の製品を朝鮮人に媒介する仲介人となり、資本集中の原則のもと滅亡するのみ。

大多数の人民、すなわち一般の農民は血の汗を流して田を耕しても、その一年の労苦による収穫によっておのれと妻子を養う量をのこすこともできず、われらを搾取せんとする日本の強盗に収穫を捧げ、その肉を太らせる永遠なる牛馬となる以外に道はない。そしてついには牛馬としての生も不可能とするべく日本の移民は年々おどろくべき増加率で増え、その追い立てをくらいわが民族は住むところを失い山へ、海へ、西間島《ソカンド》へ、北間島《プッカンド》へ、シベリアの荒野へと追いやられ、飢えた幽鬼かあるいはあてどなくさまよう幽鬼となる運命しか残されていない。

強盗日本は憲兵政治、警察政治を強行し、わが民族は手足を自由に動かすこともできない。言論、出版、結社、集会など一切の自由は禁圧され、耐えがたい苦痛による鬱憤と怨恨は堆積するばかりで吐き出すこともできず、幸福と自由の世界は夢見ることもかなわない。

子供が生まれれば「日本語が国語であり、日本の文章が国文である」と教える奴隷養成所——学校——に送らざるをえないのだ。

朝鮮人が朝鮮の歴史をひもとこうとしても、その書は「檀君は素戔嗚尊《すさのおのみこと》の兄弟だ」と偽るありさま、さらには「三韓時代、漢江より南は日本の領土であった」というような日本人の書いた文を読まされる。新聞、雑誌に目をやれば強盗政治を賛美する半日本化した奴隷の文章ばかりだ。

才ある子供が生まれたとしても、環境の圧迫により厭世絶望の堕落者となるか、さもなければ「陰謀事件」の名のもと獄におとされ、刑具に拘束され首に剣をつきつけられ足は鎖につながれる。そして焼きごてをあてられ、鞭打たれ、電気拷問を加えられ、爪の間に針を刺しこまれ、手足を緊縛されて吊るされ、鼻の穴に水を流し込まれ、生殖器にこよりを突っ込まれるなどの拷問、野蛮専制国家の刑罰事典にもないようなありとあらゆる拷問を加えられて殺される。幸いにして生きて獄門を出られたとしても、廃疾者としてその生涯を終えるしかない。

以上のような最悪の事態をまぬがれたとしても、発明創作の本能は生活の困窮のゆえに断絶し、進取活発の気概は強圧によって消滅してしまう。身動きできぬほど各方面からの束縛、鞭打ち、抑圧、圧制を受け、海に囲まれた三千里はひとつの巨大な監獄となり、わが民族は人類としての自覚を失うだけでなく、その動物的な本能まで喪失して奴隷から機械となりはて、強盗の手中の道具と成り果てるばかりだ。

強盗日本はわれわれの生命を塵芥のごとくみなしている。

乙巳以後、十三道で義兵が立ち上がったときの日本軍の暴行は、言語を絶するものであった。

最近の三・一運動以後、水原《スウォン》、宣川《ソンチョン》など国内の各地から北間島、西間島、露領沿海州にいたるまで、あらゆるところで民を虐殺し、村落を焼き払い、財産を略奪し、婦女を陵辱し、首を斬り、生き埋めにし、焼き殺し、あるいは肉身を二つ、三つに切断し、子供に拷問を加え、婦女の生殖器を破壊するなど、可能な限り残酷な手段を用い、恐怖と戦慄をもってわが民族を圧迫し、人をして「生ける屍《しかばね》」にしようとしたのである。

以上の事実により、われわれは日本の強盗政治、つまり異族統治がわが朝鮮民族の生存の敵であることを宣言すると同時に、われわれは革命によって敵である強盗日本を殺伐することがわれわれの正当なる手段であることを宣言する。

2

内政独立だとか、参政権だとか、あるいは自治などの運動を展開しているのはいったい誰なのか。

おまえたちは「東洋平和」「韓国独立保存」などを担保した盟約がなされたにもかかわらず、その墨も乾かぬうちに三千里の国土が食い荒らされた歴史を忘れたのか。「朝鮮人民の生命、財産、自由を保護」「朝鮮人民の幸福を増進する」などの宣言が幾度も発表されたが、その宣言のもとで二千万の人民が地獄に落とされた事実を目にしていないのか。

三・一運動以後強盗日本はわが独立運動を緩和させるため、宋秉畯《ソンビョンジュン》、閔元植《ミンウォンシク》などひとり、ふたりの売国奴にこのような狂論を叫ばせているが、これに付和雷同する者は、何も見ることができないのか、さもなければ奸悪なる者どもであると言わねばなるまい。

たとえば、強盗日本が寛大なる度量をもってこのような要求を受け入れたとしよう。いわゆる内政独立を達成したとしても、各種の利権を取り戻すことができなければ、朝鮮民族は飢えた幽鬼となるだけではないのか。

参政権を獲得したとしよう。自国の無産階級の血液まで搾取する資本主義強盗国の植民地人民が、何人かの奴隷代議士を選出したところで、餓死の運命をまぬがれることができようか。

自治権を獲得したとしよう。その自治がどのようなものであるかを問う以前に、日本のその強盗的侵略主義の看板である「帝国」という名称が存在する以上、その支配下にある朝鮮の人民が自治なる虚名のもとにその民族的生存を維持できようか。

たとえ強盗日本が一朝にして仏か菩薩のようになり、総督府を撤廃し、各種の利権を返還し、内政、外交をすべてわれわれの自由に任せ、日本の軍隊と警察を撤退させ、日本の移住民を送還し、名のみの宗主権をもつだけだとしても、われわれが過去の記憶をすべて失わない限り、日本を宗主国として奉戴することは、恥辱という名詞を知る人類として耐えがたいことなのだ。

日本の強盗政治のもとで文化運動を唱えているのは、いったい誰なのか。文化とは産業と文物の発達の総積である。経済略奪の制度下にあって生存権すら剝奪された民族が、その生命の維持すら疑問視される中、文化の発展など可能であると考えるのか。

衰亡したインド族、ユダヤ族にも文化があるではないか、という議論もあるが、後者は金銭の力をもって先祖の宗教的偉業を継承したのであり、前者はその広大な土地と莫大な人口をもって上古の自由に発達した文明の恵沢を守ってきたのである。カやアブのごとく、あるいはヤマイヌやオオカミのごとく、人の血を吸い骨髄まで食い破る強盗日本の口に食いつかれた朝鮮のような民族で、文化が発展した前例があるとでも言うのか。

検閲、押収などありとあらゆる圧迫のもとで、いくつかの新聞、雑誌を発行し、文化運動の木鐸だなどと騒ぎたて、強盗の機嫌を損ねない範囲での言論を繰り広げる。これを文化の発展過程であるとすれば、その文化発展はむしろ朝鮮の不幸である。

以上の理由により、われわれはわれわれの生存の敵である強盗日本と妥協しようとする者、強盗政治のもとでそれに寄生しようとする者はすべてわれわれの敵であることを宣言する。

3

強盗日本の駆逐を主張する者の中に、また次のような議論を展開する者もいる。

第一は外交論だ。

李朝五百年の文弱政治は、外交によって国を守るのが最善の策であると考え、その末期においてはその考えが甚だしいものとなった。

甲申(一八八四年、金玉均らによるクーデター)以来、維新党、守旧党の盛衰は、ほとんど外国勢力の援助があるかどうかによって決せられた。為政者の政策は、ただ甲国を引き入れて乙国を制圧する、というものに過ぎなかったのである。

その習性は一般の政治社会にも伝染した。すなわち、甲午(一八九四年、日清戦争)、甲辰(一九〇四年、日露戦争)の両戦役において、日本は数十万人の生命と数億万の財産を犠牲にして清、露両国を駆逐し、朝鮮に対して強盗的侵略主義を貫徹しようとしたのであるが、わが朝鮮の、朝鮮を愛し、民族を守護しようとする人々は、一剣一弾をもって、愚劣、凡庸、貪欲なる官吏や国賊を成敗することあたわず、嘆願書を列国公館に送付し、請願書を日本政府に送り、国の力が衰えていることを哀訴するのみであった。国家の存亡、民族の死活という大問題を、外国人、さらには敵国人の処分に任せてしまったのである。

そのため乙巳条約(一九〇五年、乙巳保護条約)、庚戌合併(一九一〇年、韓国併合)――すなわち朝鮮という名が生じてより数千年にしてはじめて加えられた恥辱に対する朝鮮民族の怒りの表示が、ハルビンの銃弾(安重根による伊藤博文射殺)、鍾峴《チョンヒョン》の剣(李在明《イジェミョン》による李完用刺傷)、山林儒生の義兵程度で終わってしまったのである。

ああ、過去数百年の歴史は、勇ある者からみれば唾棄すべきものであり、仁ある者からみれば心痛ましむるものなのである。それにもかかわらず、国滅びて以後海外に出た志士たちの思想は、外交がその第一章第一条なのであった。

国内の人民へ独立運動を煽動する方法も、未来の日米戦争や日露戦争などの機会を云々、というのがほとんど千篇一律の決まり文句であった。

最近の三・一運動においても、一般の人士の平和会議、国際連盟に対する過信の宣伝は、二千万民衆の勇気ある前進の意気を阻喪させる媒介となるだけであった。

第二は準備論だ。

乙巳条約当時、列国公館に雨が降るごとく紙切れを送りつけたが、それによって国権を守ることあたわず、丁未年(一九〇七年)のハーグ密使も独立回復の福音をもたらすことができなかったため、次第に外交に疑問をいだくようになり、戦争でなければだめだ、と判断する者も出てきた。しかし兵も無く武器も無い状態でどうやって戦争をするのか。

山林の儒生たちは春秋の大義をかかげ、ことの成敗をかえりみることなく義兵を集め、儒生の礼服を着て大将となり、銃を持った狩人を先頭に朝日戦争の最前線に立ったが、新聞などを読み時勢の動きはわかっているというような一般人はそのような勇気を持ち合わせていない。そこで彼らは、いますぐに日本と戦争をするのは無理だ、銃に資金、大砲に士官、兵を準備してから日本と戦争をしなければならない、と言う。いわゆる準備論は、独立戦争を準備しよう、というものだ。外国勢力の侵入が激しくなるにつれ、われわれの不足する部分がさらに目に付くようになり、準備論の範囲が戦争以外にも広がっていく。

曰く、教育も振興させなければならず、商工業も発展させなければならない、その他諸々、すべてが準備論の範疇に組み込まれていく。

庚戌年以後、志士たちはあるいは西間島、北間島の山々を踏み歩き、あるいはシベリアの寒風にさらされ、あるいは南京、北京を彷徨し、あるいはアメリカやハワイへ足を伸ばし、あるいは京郷に出没しながら、十年以上にわたって喉が張り裂けんばかりに準備！　準備！　と叫び続けたが、その成果はいくつかの不完全な学校と、実力の無い団体のみであった。

これは彼らの誠意が不足していたためではない。

その主張が誤っていた結果なのだ。

強盗日本が政治、経済の両面から圧迫を加えた結果、経済は日に日に衰退し、生産機関がすべて剝奪され、日々の衣食にすら困窮するときに、いったいどうやって実業を発展させ、教育を拡張しろというのか。さらにどこでどうやって軍隊を養成するというのか。軍隊を養成したところで、日本の戦闘力の百分の一にでもなるというのか。

準備論は一場の寝言に過ぎない。

以上の理由によりわれわれは外交、準備などの迷夢を捨て、民衆の直接革命の手段をとることを宣言する。

4

朝鮮民族の生存を維持するためには強盗日本を駆逐しなければならず、強盗日本を駆逐しうる方法はただ革命のみだ。革命以外の手段で強盗日本を駆逐することはできない。

ではわれわれが革命を遂行しようと思えば、どの方面から着手すべきなのか。

かつて人民は国家の奴隷であり、その上に人民を支配する王、すなわち特殊勢力が存在した。いわゆる革命とは、この特殊勢力の名称を変えることに過ぎなかった。要するに甲なる特殊勢力を乙なる特殊勢力に取り替えるだけのことだったのである。

したがって人民は革命において、甲乙の両勢力、つまり新旧ふたつの支配者のうち、どちらが仁でどちらが暴虐なのか、どちらが善でどちらが悪なのかを判断してその向背を決めるのみ、直接革命に関係することはなかった。それゆえ王の首を斬り民を慰撫するのが革命の唯一の趣旨となり、簞食壺漿《たんしこしょう》をもって王師を迎えるのが革命史の唯一の美談となっていた。

しかし現在の革命は民衆が民衆自身のために遂行するものであり、それを民衆革命、あるいは直接革命と称するのである。

民衆が直接革命を遂行するのであるから、その沸騰、膨張の熱は驚くべきものとなり、その成敗は軍事学上の常識を覆すものとなる。資金も無く軍ももたない民衆が、百万の軍勢を有し億万の富を有する帝王をも打倒し、外国の盗賊をも駆逐するのだ。

それゆえわれわれは革命の第一歩として、民衆の覚悟を要求するのである。

民衆はどのように覚悟すべきなのか。

民衆は神人や聖人、あるいは英雄豪傑があらわれ、民衆に覚悟をするよう指導するから覚悟をするわけではない。民衆よ、覚悟しよう、とか、民衆よ、覚悟せよ、というようなおたけびによって覚悟するわけでもない。

ただ民衆が、民衆のために、民衆の向上を阻害する一切の不公平、不自然、不合理なる障害物を破壊することが、民衆を覚悟させる唯一の方法なのだ。つまり、先に目覚めた民衆が、民衆全体のために革命の先駆となるのが、民衆を覚悟させる第一歩となるのである。

一般の民衆が、飢餓、寒さ、疲労、苦痛、妻の嘆き、子の泣き声、納税の督促、借金返済の催促、行動の不自由などすべての圧迫に苦しみ、生きるに生きられず死ぬに死ねない惨状にある中で、もしその圧迫の主人である強盗政治の執行者を叩きのめし、強盗の一切の施設を破壊し、福音を四海に伝えれば、すべての民衆が涙を流し、餓死以外に革命という道があることを覚り、勇気ある者は義憤にかられ、弱者はその苦痛に耐えかね、あらゆる人がこの道に進んでくるのだ。これが進行し、広がっていき、挙国一致の大革命となれば、奸猾《かんこう》残暴なる強盗日本も必ずや駆逐されるはずである。したがって民衆を覚醒させ、強盗の統治を打倒し、わが民族の新たな生命を開拓せんとするならば、十万の兵を養うよりは一度の爆弾の投擲《とうてき》が、億千枚の新聞雑誌よりも一度の暴動のほうがはるかに効果的なのだ。

民衆の暴力的革命が発生しなければともかく、一度それが発生すれば、崖を転げ落ちる岩石のごとく、目的地に到達するまでは止まることはない。

われわれの経験から語ろう。

甲申政変は、特殊勢力が特殊勢力と争った宮廷内の活劇に過ぎなかった。

庚戌(一九一〇年)前後の義兵は、忠君愛国の大義によって憤激して立ち上がった読書人階級の思想であった。

安重根、李在明らの烈士による暴力的行動は熱烈なものではあったが、その背後に民衆的力量の基礎が欠けていた。

三・一運動の万歳の声に、民衆の一致した意気を見出すことはできたが、暴力的な中心をもつことができなかった。

民衆と暴力。

このふたつのどちらかが欠ければ、たとえ天地を揺るがす声をあげ壮烈なる行動に出たとしても、一瞬の雷光のように消え去ってしまうのだ。

朝鮮内部に、強盗日本が作り出した、革命の原因は山のようにある。

民衆の暴力的な革命がはじまり、独立できないならば命はいらない、日本を駆逐するまでは絶対に退かない、と叫びながら前進すれば必ずや目的を貫徹するはずなのだ。警察の剣も、軍隊の銃も、奸猾なる政治家の術策もこれを阻むことはできない。

革命の記録は凄絶かつ勇敢なものとなるはずだ。しかし退けばそこには真っ黒な穴があるだけであり、進めばそこには光明に包まれた活気がある。したがってわが朝鮮民族は、凄絶かつ勇敢なる記録を残しながら進むのみである。

ここに暴力——暗殺、破壊、暴動——の目標を列挙する。

朝鮮総督府及び各官公吏

日本天皇及び各官公吏
密告者、売国奴
敵の一切の施設

これ以外に、地方の紳士や富豪の場合、明らかに革命運動を妨害するという罪を犯していないとしても、その言動や行動によってわれわれの運動を遅延させ、中傷するような者は、われわれの暴力からまぬがれることはできないであろう。日本人の移住民は、日本の強盗政治の機械となり、朝鮮民族の生存を脅かす尖兵となっているのだから、われわれは暴力をもって彼らを駆逐するであろう。

5

革命の道は破壊からはじまる。しかし破壊のために破壊をしようとするのではなく、建設のために破壊をするのだ。建設を知らなければ破壊も不可能であり、破壊を知らなければ建設もできないのである。

建設と破壊は、その形式が異なるだけであり、その精神から考えれば、破壊はすなわち建設なのである。

たとえばわれわれが日本の勢力を破壊しようとするのは、第一に異族統治を破壊するためなのだ。なぜか？　日本という異民族が朝鮮を専制下に置いている。異族の専制の下にある朝鮮は固有の朝鮮ではない。固有の朝鮮を発見するために、異族統治を破壊するのである。

第二に、特権階級を破壊するためなのである。なぜか？　朝鮮の民衆の上に、総督だとかなんだとかいう強盗団である特権階級が存在し、民衆を圧迫している。特権階級に圧迫されている朝鮮の民衆は、自由なる朝鮮の民衆ではない。自由なる朝鮮の民衆を発見するために、特権階級を打破するのである。

第三に、経済掠奪制度を破壊するためである。なぜか？　掠奪制度の下にある経済は民衆が自己の生活のために組織したる経済ではなく、民衆をくいものにする強盗を肥やすために組織したものであるから、民衆の生活を発展させるために経済の略奪制度を破壊するのである。

第四に、社会的不平等を破壊するためである。なぜか？　弱者の上に強者がおり、賤しい者の上に高貴な者がいるというような不平等が存在する社会は、互いに略奪、剝奪を繰り返し、嫉妬が蔓延し、恨みをもつ者が増加する、そのような社会となる。はじめは少数の幸福のために多数の民衆を犠牲にするだけだが、さらに進めば少数同士が互いに争うようになる。その結果、民衆全体の幸福は無に帰すのである。そのため、民衆全体の幸福を増進するために、社会的不平等を破壊するのである。

第五に、奴隷的な文化、思想を破壊するためである。なぜか？　伝統的な文化、思想は、宗教、倫理、文学、美術、風俗、習慣、そのどれをとっても強者が作り、強者を擁護してきたものではなかったか。強者の娯楽の道具ではなかったか。一般の民衆を奴隷とするための麻酔剤ではなかったか。少数の階級が強者となり、多数の階級が弱者となったにもかかわらず、不義の圧制に反抗できなくなったのは、奴隷的な文化、思想の束縛のゆえではないのか。民衆の文化を創造し、その束縛の鉄鎖を断つことができなければ、一般の民衆は権利の思想に疎く、自由を向上せしめようとする意欲が不足しているため、奴隷の運命から抜け出ることができなくなるのである。したがって民衆の文化を創造するために、奴隷的な文化、思想を破壊するのである。

つまり、固有の朝鮮、自由なる朝鮮民族、民衆の経済、民衆の社会、民衆の文化を有する朝鮮を建設するために、異族統治、略奪制度、社会的不平等、奴隷的文化思想を打破するのである。

破壊の精神は建設の主張なのである。外に破壊の剣となり、内に建設の旗幟《きし》となるのだ。破壊の気迫を欠いたまま建設をしようなどという愚かな考えでは、五百年待とうとも革命の夢すら見ることはできないであろう。

破壊と建設は不二であり、民衆の破壊の前には民衆の建設があるのである。

いま朝鮮の民衆には、民衆的暴力をもって新朝鮮の建設の障害物である強盗日本の勢力を破壊する以外に道はない。

一本の丸木橋の片方に朝鮮の民衆が立ち、もう一方に強盗日本が立っている。一方が滅びない限り、もう一方に生きる道はない。

わが二千万の民衆は、一致して暴力破壊の道を進むのみである。

民衆はわが革命の大本営である。
暴力はわが革命の唯一の武器である。
われわれは民衆の中に入り、民衆と手をたずさえ、粘り強く暴力——暗殺、破壊、暴動——をもって
強盗日本の統治を打倒し
われわれの生活の不合理なる一切の制度を改造し
人類として人類を圧迫することのできない

社会として社会を収奪することのできない理想的な朝鮮を建設するのである。

一九二三年一月

義烈団

（カッコ内は訳注）

激烈な言葉が並ぶが、その思想の背後には、実学者と同じく、儒教の理想がある。すべての学問・政治は民を豊かにするためのものだという信念だ。それこそが義であり、仁である。日本への非難も、日本の行為が義や仁にはずれているという観点から行われる。社会主義や無政府主義の文献を渉猟した末に、申采浩が行き着いた地平だ。

一九二八年、申采浩は台湾で日本の警察に逮捕され、一九三六年、旅順刑務所で獄死する。

4 花電車で祝う日本人――朝鮮滅亡の日

大韓帝国の滅亡と大逆事件

一九一〇年五月、第三代朝鮮統監となった寺内正毅は併合準備委員会を設置し、韓国併合へ向けて実務的な処理を進めていく。そして八月二十九日、ついに「韓国併合に関する条約」が公布される。ここに大韓帝国は完全に抹消されることになったのである。

東京の街中では、軒ごとに日の丸が掲げられ、花電車が行き交い、祝い酒が振る舞われた。

ちょうどこの頃、幸徳秋水、菅野スガらに対する過酷な取り調べが進められていた。ふたりが逮捕されたのは六月一日だった。

そして秘密裁判によって二十四人に死刑判決が下されたのは翌年一月十八日だった。翌十九日、十二人が無期懲役に減刑、二十四日、幸徳ら十一人の死刑執行、二十五日、菅野スガ処刑。

宮下太吉が爆裂弾を作ったのは事実だが、それを知っていたのは数人に過ぎず、この事件で拘束された者の大半はまったくの無罪だった。宮下らの計画にしても具体的なものではなく、当時の法によって裁いたとしても、とても死刑の判決が下されるような事件ではなかった。

一九一〇年は日本の民衆にとっても冬の時代のはじまりだった。しかし大多数の民衆はそのことに気づくことはなく、気楽に暮らしていたのである。

柳宗悦――朝鮮の友に贈る書

最後に、若い人々に希望を託した柳宗悦《やなぎむねよし》の文を引用して、筆をおくことにしたい。

この世にはどれだけ多く、許し得ない矛盾が矛盾のままに行われているであろう。私は仮りに日本人が朝鮮人の位置に立ったならばといつも想う。愛国の念を標榜し、忠臣を以て任じるこの国民は、貴方がたよりも、もっと高く反逆の旗を翻すにちがいない。吾々の道徳はかねがね、かかる行為を称揚すべき立場にいる。吾々は貴方がたが自国を想う義憤の行いを咎《とが》める事に、矛盾を覚えないわけにはゆかぬ。真理は普遍の真理であっていいはずであるが、時として一つの行いに二つの名が与えられ、ある時は「忠節」とも、ある時は「不逞《ふてい》」とも呼ばれるのである。数えればこういう矛盾は、どれだけこの世に多いであろう。多いにつれて、どれだけ無数の人々が暗い陰に悩まねばならぬであろう。その境遇に在る貴方がたを想い、またかくせしめた「暗黒の力」を想う時、私は心に傷を受ける。時としては心が激し、時としては寂しさに沈んでくる。いわんや貴方がたには胸を圧せられる苦しみがあるであろう。貴方がたは今何に慰めを求めているのであろう。その運命を何と感じているであろうか。夢にだに安らかな想いはないであろう。御身《おんみ》らの上に少しでも平和あれかしと私は祈っている。

しかし私は人間になおも燃える希望を抱いている。いつか自然は人間の裡《うち》から正しいものを目覚ますにちがいない。日本がいつか正当な人倫《じんりん》に立つ日本となる事を信じたい。これはいずれの処を問わず、凡ての国家が懐抱する理想でなければならぬ。私はいつか真理によって日本が支えられる日の来るのを疑わない。私は今若い日本の人々がこの理想に向って努力している事を知っている。貴方がたは人間としての日本人をも拒《しりぞ》けて下さってはいけない。私の正しい観察によれば、個人として朝鮮の人々に、憎しみの心を持つ人はほとんどないのである。否、吾々は藝術を通じていつも朝鮮が卓越した国民であった事を想い廻《めぐ》らしている。かつて露国と戦いを交えたその間においてすら、吾々は露国の偉大な思想や文学を、日に深く学んでいたのである。二つの国が裂かれるのは、個人と個人との憎しみによるのではない。私は情において吾々の同胞が隣邦の友を忘れてはいないのを信じている。少くとも未来の日本を形造る人々は、理に疎《うと》く情に冷かでは決してないであろう。

もし日本が暴力に慠《おご》る事があるなら、いち早く日本の中から貴方がたへの味方が現れるであろう。私は人間の本質を信じている。人間としての日本人に希望を抱いている。人間は不正な事に満足し得る人間ではない。悲惨な事や淋《さび》しみに冷やかな人間ではない。圧迫や争闘は衷心《ちゅうしん》からの求めではない。（中略）

貴方がたと私たちとは歴史的にも地理的にも、または人種的にも言語的にも、真に肉身の兄弟である。私は今の状態を自然なものとは想わない。またこの不幸な関係が永続していいものだとは思わない。不自然なものが淘汰《とうた》を受けるのは、この世の固い理法である。私は今、二つの国にある不自然な関係が正される日の来ることを、切に希《ねが》っている。まさに日本にとっての兄弟である朝鮮は、日本の奴隷であってはならぬ。それは朝鮮の不名誉であるよりも、日本にとっての恥辱の恥辱である。私は私の日本が、かかる恥辱をも省みないとは思わない。否、未来の日本を信じている。情の日本を疑わない。精神に動く若い人々は、日本を真理にまで高めねばならぬ任務を感じている。

（「朝鮮の友に贈る書」）

柳宗悦がこれを『改造』に発表したのは一九二〇年、申采浩が「朝鮮革命宣言」を執筆する三年前だった。

あとがき

朝鮮が植民地となっていく過程を、物語のように平易に書いてみたい、とずっと思っていた。日本と朝鮮の現在と未来を考える上で必要不可欠な知識であるにもかかわらず、多くの人々の常識になっているとはとても言えないのが現状だからだ。

歴史小説は見てきたような嘘を書くものだが、本書を書くに当たってその点は厳しく自制した。つまり、史実の裏づけのないことは書かず、伝聞はそれとわかるように書いた。さらに書きながら、歴史もまた実学であるべきだ、と考えていた。

儒教の原点に立ち返ろうとした朝鮮近世の実学者は、実心実用を重視した。近代以後の科学技術は、なるほど実用の学ではあったが、実心――誠《まこと》の学、真実の学であるかどうかをみずから厳しく問い続ける姿勢――が欠如していた。たとえば、あらゆる化学的処理を拒絶する猛毒を子孫に残す原子力発電所の開発やわずか十人の豪奢な暮らしを三千九百九十人の犠牲の上に成り立たせることをめざす新自由主義の経済理論を、実学者ならどう評価するだろうか。実学を現代の視点から問い直す意味はこのようなところにもあるだろう。

近世朝鮮の実学は、一九三〇年代、文一平《ムンイルピョン》、安在鴻《アンジュホン》、鄭寅普《チョンインボ》などの碩学によって再発見された。植民地朝鮮にもたらされた近代の学は、実用の学ではあったかもしれないが、実心の学ではない、という痛烈な批判がそこにはあったと思う。

実学者の文章や「是日也放声大哭」「朝鮮革命宣言」などの歴史的な文書を新書で手軽に読める、というのが本書のオトクな部分だろう、と自画自賛している。なお、翻訳は読みやすさを優先して少々意訳した部分もあることをお断りしておく。

忙しい中、千葉大学の趙景達《チョギョンダル》教授に全文を読んでもらい、ときには辛辣な批判もいただいた。「歴史を書くのは厳しいことだ」という言葉は、長年歴史と格闘してきた氏の口から発せられると実に重く感じられた。また編集の平田賢一氏には、文章の表現、とりわけ見出しなどに気をつかっていただいた。記して両氏に感謝の意を表したい。

二〇一三年七月

金 重明

索　引

人　名

事　項

略年表

1392	李成桂，朝鮮王朝の王位につく
1453	首陽大君(のちの世祖)によるクーデター(癸酉靖難，55年に世祖即位，56年に死六臣の処刑)
	(1534　イエズス会創立)
	(1582　マテオ・リッチ，マカオに上陸)
1592	豊臣秀吉の朝鮮侵略(97年も)
1623	光海君をしりぞけ，仁祖が即位(仁祖反正)
1627	後金(のちの清)の侵入(丁卯胡乱)
1636	清の侵攻(丙子胡乱)
1724	英祖即位
1762	荘献世子を死にいたらしめる
1765	洪大容，清へ行く
1776	正祖即位　(アメリカ独立宣言)
1783	洪大容死去
	(1789　フランス革命)
	(1773　清におけるイエズス会解散)
1794	水原華城着工(96年竣工)
1800	正祖の死
1801	貞純王后と老論による天主教大弾圧．これにより実学者は壊滅的な打撃を受ける(辛酉教難)
1811	平安道，洪景来らの大反乱(〜12年)
1836	丁若鏞死去
1860	**4月5日** 崔済愚，東学を起こす
1862	**2** 南朝鮮一帯で民乱頻発(壬戌民乱)
1863	**12** 高宗即位，父・興宣大院君の執政始まる
1866	**1** 大院君による天主教大弾圧．フランス人宣教師が処刑され，丙寅洋擾の原因となる．**7** シャーマン号事件．**10** フランス艦隊の襲来(丙寅洋擾)
	(1868　明治維新)
1871	**6** アメリカ艦隊の襲来(辛未洋擾)
	(1872　琉球王国を琉球藩に)
1873	大院君が失脚し，閔氏政権が成立

略年表

1875	9 江華島事件
1876	2 日朝修好条規締結 (1879　3 琉球藩，沖縄県に)
1882	5 朝米修好通商条約．7 反閔氏，反日の軍兵と都市貧民が漢城で蜂起．これに干渉した清軍が大院君を天津に連行(壬午軍乱)
1884	12 金玉均ら急進開化派が漢城でクーデターを起こすが失敗する(甲申政変)
1894	2 全琫準，全羅道古阜で蜂起(甲午農民戦争)．8 日清戦争(～95 年)．甲午改革(～95 年)．10 農民軍が再度蜂起し，日本軍と激突．農民軍の敗北後，日本軍とその指揮下にある官軍によって徹底的な弾圧が行われ，その犠牲者は数万に及ぶと言われている
1895	4 日清講和条約(下関条約)締結．10 閔妃虐殺
1896	1 全国で義兵が蜂起．2 高宗がロシア公使館に避難し，同所で執務(露館播遷)．4『独立新聞』創刊．7 独立協会設立
1897	10 国号を「大韓帝国」と改め，高宗が皇帝となる．光武改革(～1904 年)
1898	3 独立協会，万民共同会を開催 (1900　6 義和団戦争)
1904	1 大韓帝国，局外中立を宣言．2 日露戦争(～05 年)．日本が日韓議定書を強要
1905	9 ポーツマス条約締結．11 日本，乙巳保護条約を強要．『皇城新聞』社長張志淵「是日也放声大哭」を発表
1906	2 統監府設置．反日義兵闘争が激化し，義兵戦争の様相を呈す
1907	4 新民会結成．6 ハーグ密使事件．7 高宗退位，丁未七条約締結
1909	10 ハルビンで安重根が伊藤博文を射殺．12 鍾峴天主教会堂(現ソウルの明洞聖堂)で李在明が李完用を刺すが，一命をとりとめる
1910	5 大逆事件の検挙始まる．8 韓国併合
1920	柳宗悦が「朝鮮の友に贈る書」を発表
1923	申采浩が「朝鮮革命宣言」を発表

主要参考文献

韓国古典翻訳院『韓国古典総合データベース』
東学農民革命記念財団『東学農民革命総合知識情報システム』
国史編纂委員会『朝鮮王朝実録データベース』
한국사사전편찬회『한국근현대사사전』가람기획 1990 年
자료『한국근현대사입문』혜안 1995 年
김근배 외『한국과학기술인물 12 인』해나무 2005 年
유봉학『정조대왕의 꿈』신구문화사 2001 年
최남인『과학기술로 보는 한국사』일빛 1994 年
한국민족운동사학회『일제하 아나키즘운동의 전개』국학자료원，2003 年
申采浩『丹齋申采浩全集』全 4 巻，형설출판사，1975～77 年
伊藤亜人ほか監修『朝鮮を知る事典』平凡社，1986 年
木村誠ほか編『朝鮮人物事典』大和書房，1995 年
姜在彦『西洋と朝鮮――異文化の出会いと格闘の歴史』朝日新聞社，2008 年
姜在彦『朝鮮儒教の二千年』朝日新聞社，2001 年
松浦玲『勝海舟と西郷隆盛』岩波新書，2011 年
ゲ・デ・チャガイ編『朝鮮旅行記』井上紘一訳，平凡社東洋文庫，1992 年
F・A・マッケンジー『朝鮮の悲劇』渡部学訳注，平凡社東洋文庫，1972 年
イザベラ・バード『朝鮮紀行――英国婦人の見た李朝末期』時岡敬子訳，講談社学術文庫，1998 年
呉知泳『東学史――朝鮮民衆運動の記録』梶村秀樹訳注，平凡社東洋文庫，1970 年
金九『白凡逸志――金九自叙伝』梶村秀樹訳注，平凡社東洋文庫，1973 年
朴殷植『朝鮮独立運動の血史』1・2，姜徳相訳注，平凡社東洋文庫，1972 年
ニム・ウェールズ，キム・サン『アリランの歌』松平いを子訳，

岩波文庫，1987 年
原田敬一『日清・日露戦争』(シリーズ日本近現代史 3)岩波新書，2007 年
朴宗根『日清戦争と朝鮮』青木書店，1982 年
藤村道生『日清戦争 ── 東アジア近代史の転換点』岩波新書，1973 年
戸高一成『海戦からみた日清戦争』角川書店，2011 年
岡本隆司『世界のなかの日清韓関係史 ── 交隣と属国，自主と独立』講談社選書メチエ，2008 年
陸奥宗光『新訂 蹇蹇録』中塚明校注，岩波文庫，1983 年
山辺健太郎『日韓併合小史』岩波新書，1966 年
姜徳相『新装版 朝鮮独立運動の群像 ── 啓蒙運動から三・一運動へ』青木書店，1998 年
朝鮮史研究会編『新版 朝鮮の歴史』三省堂，1995 年
趙景達『近代朝鮮と日本』岩波新書，2012 年
趙景達『異端の民衆反乱 ── 東学と甲午農民戦争』岩波書店，1998 年
角田房子『閔妃暗殺 ── 朝鮮王朝末期の国母』新潮社，1988 年
金文子『朝鮮王妃殺害と日本人』高文研，2009 年
井上晴樹『旅順虐殺事件』筑摩書房，1995 年
中塚明『歴史の偽造をただす』高文研，1997 年
金容雲・金容局『韓国数学史』槇書店，1978 年
半沢英一『雲の先の修羅 ──『坂の上の雲』批判』東信堂，2009 年
保阪正康・東郷和彦『日本の領土問題』角川書店，2012 年
安川寿之輔『福沢諭吉の戦争論と天皇制論 ── 新たな福沢美化論を批判する』高文研，2006 年
岩井忠熊『大陸侵略は避け難い道だったのか ── 近代日本の選択』かもがわ出版，1997 年
神崎清『革命伝説 大逆事件』全 4 巻，子どもの未来社，2010 年
マット・リドレー『徳の起源』古川奈々子訳，翔泳社，2000 年

金 重 明

1956年生まれ
小説家
著書―『算学武芸帳』(1997年，朝日新聞社，第8回朝日新人文学賞受賞)
『抗蒙の丘――三別抄耽羅戦記』(2006年，新人物往来社，第30回歴史文学賞受賞)
『戊辰算学戦記』(1999年，朝日新聞社)
『皐の民』(2000年，講談社，『〈在日〉文学全集』第13巻，2006年，勉誠出版所収)
『北天の巨星』(2010年，講談社)
『13歳の娘に語る　ガロアの数学』(2011年，岩波書店)
『13歳の娘に語る　ガウスの黄金定理』(2013年，岩波書店)ほか

物語 朝鮮王朝の滅亡　　岩波新書(新赤版)1439

2013年8月21日　第1刷発行

著　者　金《キム》重《チュン》明《ミョン》

発行者　岡本 厚

発行所　株式会社 岩波書店
〒101-8002 東京都千代田区一ツ橋2-5-5
案内 03-5210-4000　販売部 03-5210-4111
http://www.iwanami.co.jp/

新書編集部 03-5210-4054
http://www.iwanamishinsho.com/

印刷・精興社　カバー・半七印刷　製本・中永製本

ISBN 978-4-00-431439-4　　Printed in Japan

岩波新書新赤版一〇〇〇点に際して

ひとつの時代が終わったと言われて久しい。だが、その先にいかなる時代を展望するのか、私たちはその輪郭すら描きえていない。二〇世紀から持ち越した課題の多くは、未だ解決の緒を見つけることのできないままであり、二一世紀が新たに招きよせた問題も少なくない。グローバル資本主義の浸透、憎悪の連鎖、暴力の応酬——世界は混沌として深い不安の只中にある。

現代社会においては変化が常態となり、速さと新しさに絶対的な価値が与えられた。消費社会の深化と情報技術の革命は、種々の境界を無くし、人々の生活やコミュニケーションの様式を根底から変容させてきた。ライフスタイルは多様化し、一面では個人の生き方をそれぞれが選びとる時代が始まっている。同時に、新たな格差が生まれ、様々な次元での亀裂や分断が深まっている。社会や歴史に対する意識が揺らぎ、普遍的な理念に対する根本的な懐疑や、現実を変えることへの無力感がひそかに根を張りつつある。そして生きることに誰もが困難を覚える時代が到来している。

しかし、日常生活のそれぞれの場で、自由と民主主義を獲得し実践することを通じて、私たち自身がそうした閉塞を乗り超え、希望の時代の幕開けを告げてゆくことは不可能ではあるまい。そのために、いま求められていること——それは、個と個の間で開かれた対話を積み重ねながら、人間らしく生きることの条件について一人ひとりが粘り強く思考することではないか。その営みの糧となるものが、教養に外ならないと私たちは考える。歴史とは何か、よく生きるとはいかなることか、世界そして人間はどこへ向かうべきなのか——こうした根源的な問いとの格闘が、文化と知の厚みを作り出し、個人と社会を支える基盤としての教養となった。まさにそのような教養への道案内こそ、岩波新書が創刊以来、追求してきたことである。

岩波新書は、日中戦争下の一九三八年一一月に赤版として創刊された。創刊の辞は、道義の精神に則らない日本の行動を憂慮し、批判的精神と良心的行動の欠如を戒めつつ、現代人の現代的教養を刊行の目的とする、と謳っている。以後、青版、黄版、新赤版と装いを改めながら、合計二五〇〇点余りを世に問うてきた。そして、いままた新赤版が一〇〇〇点を迎えたのを機に、人間の理性と良心への信頼を再確認し、それに裏打ちされた文化を培っていく決意を込めて、新しい装丁のもとに再出発したいと思う。一冊一冊から吹き出す新風が一人でも多くの読者の許に届くこと、そして希望ある時代への想像力を豊かにかき立てることを切に願う。

（二〇〇六年四月）